NATURKINDER

Caroline Hosmann

Haupt
GESTALTEN

Caroline Hosmann

NATURKINDER

Ideen, Rezepte und Aktionen für drinnen und draußen

Haupt Verlag
Bern · Stuttgart · Wien

FÜR DIE NATURKINDER

L.V.M.L.A.K.T.R.E.

Fotografie, Gestaltung und Satz:
Caroline Hosmann, D – Stammham
Lektorat: Heidi Müller, CH – Bern

Bibliografische Information
der Deutschen Nationalbibliothek:
Die Deutsche Nationalbibliothek verzeichnet diese Publikation in der Deutschen Nationalbibliografie; detaillierte bibliografische Daten sind im Internet über http://dnb.d-nb.de abrufbar.

ISBN: 978-3-258-60029-1

www.haupt.ch

Wünschen Sie regelmäßig Informationen über unsere neuen Titel zum Gestalten? Möchten Sie uns zu einem Buch ein Feedback geben? Haben Sie Anregungen für unser Programm? Dann besuchen Sie uns im Internet auf www.haupt.ch. Dort finden Sie aktuelle Informationen zu unseren Neuerscheinungen und können unseren Newsletter abonnieren.

INHALT

VORWORT

So lange ich mich erinnern kann, haben viele meiner schönsten Kindheitserinnerungen mit Erlebnissen in der Natur zu tun; Urlaub in den Bergen oder am Meer, Ferien auf dem Bauernhof, Sommertage am See, Lagerfeuer mit Freunden bis spät in die Nacht. In der Tat haben wir viel Zeit draußen verbracht. Man kann wahrscheinlich sagen, dass mir die Liebe zur Natur in die Wiege gelegt wurde. Und die werde ich wohl weitergeben, so wie wir alle das an unsere Kinder weitergeben, was uns wichtig ist.

Wenn man Kinder hat, schaut man selbst in die eigene Kindheit zurück und lernt, Traditionen, Bräuche und Rituale zu schätzen, die einem selbst gut getan haben. Seit unsere Kinder auf der Welt sind, merke ich, dass ich wieder verstärkt Wert lege auf hochwertige Pflegeprodukte und Kleidung, sinnvolles Spielzeug und gute Ernährung sowie Kontakt mit der Natur. Am Tag der Geburt unserer ältesten Tochter habe ich mir vorgenommen, jeden Tag, egal bei welchem Wetter, mit ihr hinaus zu gehen.

Ich bin keine Öko-Mutti und auch keine Umwelt-Fee. Ich bin einfach gerne draußen: im Garten, im Wald, am Berg, und möchte diese Leidenschaft mit meinen Kindern und anderen teilen, und ein bisschen Wissen über die Natur, vor allem aber die Freude an ihr, weitergeben.

Mit zwei unserer Kinder haben wir einige Jahre in der Stadt gelebt, einer sehr grünen Stadt wohlgemerkt, und ich bin der Meinung, dass man niemals auf „Grün" verzichten muss. In den eigenen vier Wänden, auf dem Fensterbrett, Balkon, im Park ums Eck oder auf Ausflügen in die Umgebung.

Schon bald nachdem wir ein Stück aus der Stadt hinausgezogen sind, habe ich, begeistert von all der Natur, eine Naturkinder-Gruppe im Rahmen des Landesbundes für Vogelschutz in Bayern gegründet. Zunächst war ich mit unseren eigenen Kindern und ein paar Freunden unterwegs. Nach und nach ist die Gruppe gewachsen. Über unsere Unternehmungen berichtete ich in einem Blog. Was als eine Art Online-Tagebuch für die Kinder der Gruppe und deren Eltern gedacht war, füllte sich mehr und mehr mit Ideen rund um die Themen Natur und Kinder. Meine Motivation war und ist es, schöne Momente festzuhalten und unsere Ideen zu teilen, in der Hoffnung, anderen Familien und Kindern die Natur noch ein Stückchen näher zu bringen. Und das Gleiche wünsche ich mir für dieses Buch, das daraus entstanden ist.

Ich möchte damit hauptsächlich Inspiration bieten, zeigen, was wir gemacht haben, was funktioniert und was unseren Kindern Freude macht. Es liegt mir fern, Anweisungen zu geben, zu sagen „so macht man es richtig" und „so ist es falsch". Ich freue mich, wenn sich jemand inspirieren lässt, von einem Bild oder einer Idee, und seiner eigenen Kreativität freien Lauf lässt. Und vor allem der Kreativität der Kinder! Sie machen am liebsten, was ihnen gerade einfällt und was ihnen Spaß macht, und davon können auch wir uns ruhig mal leiten lassen!

EINLEITUNG

Wenn man in der Natur unterwegs ist, kann man sich von ihr inspirieren lassen. Manche Ideen kann man gleich umsetzen, andere nimmt man mit nach Hause, vielleicht sogar mit dem benötigten Material für die Umsetzung. Das ist nämlich nicht nur wunderschön, sondern auch günstiger als andere Werkstoffe. Je ursprünglicher, einfacher und naturbelassener die Materialien sind, mit denen wir und die Kinder arbeiten, desto mehr Freiraum wird der Fantasie der Kinder gelassen. Und je einfacher und übersichtlicher die Projekte sind, desto intensiver werden die Kinder daran beteiligt sein und sind am Ende stolz auf ihre „Leistung".

Nicht nur beim Spielen und Basteln, auch beim Kochen und Herstellen von Naturkosmetik können und sollen die Kinder mitmachen. Bei vielen Aktionen haben sie die Möglichkeit, wirklich von Anfang bis Ende beteiligt zu sein, bei anderen brauchen sie mehr oder weniger Hilfe. Die Anleitungen kann man dem Alter der Kinder entsprechend und mit Rücksicht auf die Gruppenkonstellation oder die Stimmung vereinfachen oder abwandeln.

Voll Stolz werden die gelungenen Arbeiten präsentiert. Viele werden von Herzen verschenkt. Sie schön zu verpacken, zu verzieren, passende Etiketten und Karten zu gestalten, ist oft nochmals ein Projekt für sich. Immer aber sollte das Werken und das Erlebte im Vordergrund stehen; die Freude am Entdecken, der Spaß am Machen.

Man braucht auch nicht immer ein großes Programm, um eine gute Zeit zu haben. Manchmal ist ein entspannter Spaziergang oder ein gemütlicher Nachmittag zuhause angesagt. Oft ergibt sich dann von selbst eine Aktion, an der alle Freude haben. Und Kinder brauchen auch Zeit, Geschehenes und Erlebtes zu verarbeiten.

BLUMEN

BLUMEN UND BLÜTEN BRINGEN FARBE INS LEBEN. DEN GANZEN FRÜHLING UND SOMMER ÜBER GIBT ES BEI UNS ZU HAUSE STETS FRISCHE BLUMEN, ANGEFANGEN BEI DEN ERSTEN KIRSCHZWEIGEN, DIE DEN FRÜHLING ANKÜNDIGEN. WENIG SPÄTER STEHEN AUCH SCHON DIE ERSTEN PFLÄNZCHEN AUF DER FENSTERBANK. DIE KINDER LAUFEN MEHRMALS TÄGLICH UMS HAUS UND BERICHTEN VON DEN ERSTEN KNOSPEN UND BLUMENSPITZEN IM GARTEN.

MANCHMAL WEISS ICH GAR NICHT, OB DIE BLUMENPRACHT BESSER DRAUSSEN ODER DRINNEN AUFGEHOBEN IST. ABER ZUM GLÜCK HABEN WIR SO VIELE BLUMEN, DASS WIR SOGAR NOCH ETWAS ABZUGEBEN HABEN. ÜBER EINEN STRAUSS BLUMEN ALS MITBRINGSEL AUS DEM GARTEN ODER VON DER BLUMENWIESE FREUT SICH JEDER GASTGEBER, UND SEI ES EINE KINDERHAND VOLL GÄNSEBLÜMCHEN.

UND SCHLIESSLICH MÜSSEN NOCH GENÜGEND BLÜTEN ÜBRIG BLEIBEN FÜR DIE BLÜHENDE FANTASIE DER KINDER: ZUM SCHMÜCKEN UND GESTALTEN MIT FRISCHEN ODER GETROCKNETEN BLUMEN.

BLUMENSCHMUCK

Kaum haben im Frühling die ersten Sonnenstrahlen den Schnee weggeschmolzen, strecken auch schon die Gänseblümchen und der Löwenzahn ihre Köpfchen aus dem Gras. Ein paar Wochen später gibt es meist so viele davon auf der Wiese, dass die Kinder nach Herzenslust pflücken können. Genug, um alle prächtig damit zu schmücken.

KRÄNZE, KETTEN, ARMBÄNDER

Es gibt verschiedene Varianten, um eine Blumenkette für Kopf, Hals oder Handgelenk zu knüpfen. Ich mache mit dem Fingernagel einen kleinen Schlitz in den Blumenstängel. Hierdurch wird der nächste Stiel gefädelt und so weiter, bis die Kette lang genug ist.

RINGE

Fingerschmuck kann man auf die gleiche Weise anfertigen, wobei man den Schlitz ganz knapp unter der Blüte macht und das Ende es Stängels hindurchsteckt. Ein Gänseblümchen lässt sich auch schlicht zwischen die Zehen stecken.

OHRRINGE

Die Milch aus einem abgerissenen Löwenzahnstiel ist klebrig, und das machen wir uns zunutze beim Anfertigen des Ohrschmucks aus Gänseblümchen. Die Blümchen werden ohne Stängel abgepflückt und an der Unterseite mit der Löwenzahnmilch betupft. Mit zwei Fingern wird das Gänseblümchen dann für ein paar Sekunden ans Ohrläppchen gedrückt.

Die Ohrringe kleben oft so fest, dass die Kinder sie noch abends mit ins Bett nehmen.

BLUMENKRÄNZE BINDEN

In die Gänseblümchen- und Löwenzahnkränze stecken wir als Farbtupfer hie und da ein Vergissmeinnicht oder ein Veilchen. Um aber richtig bunte und üppige Blumenkränze zu binden, haben wir uns eine andere Methode angeeignet.

Wir sammeln jede Menge Blumen auf einer Sommerwiese – Wiesenmargerite, Klee, Schafgarbe, Mohn, Frauenmantel, Salbei, Glockenblumen, Ähren und außerdem lange Gräser. Aus Letzteren machen wir einen Zopf oder einen langen Strang, den wir mit Gartenschnur oder Basteldraht umwickeln und zu einem Ring in der entsprechenden Kopfgröße formen. Jetzt nehmen wir von den Blumen jeweils fünf bis sechs verschiedene Blüten zu kleinen Büscheln zusammen und befestigen diese reihum auf dem Ring.

Damit man den schönen Kranz ein bisschen länger bewundern kann, legt man ihn nach dem Tragen noch eine Weile in eine große Schüssel mit Wasser.

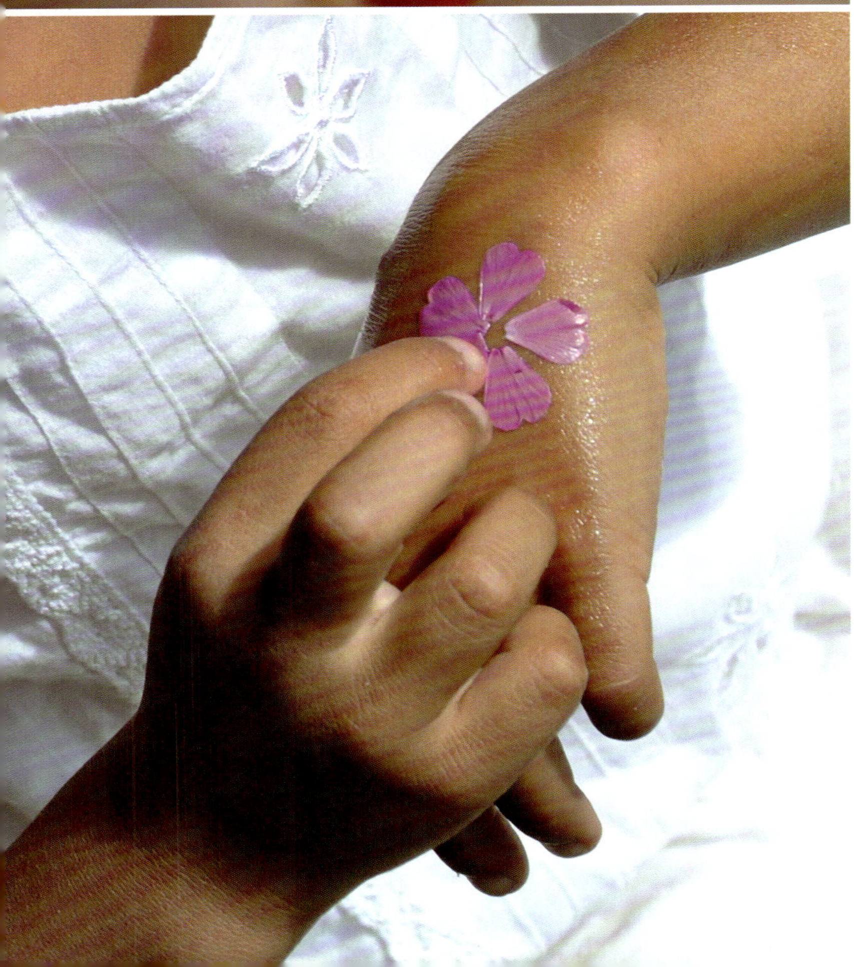

BLUMENTATTOOS

Wenn wir im Sommer draußen unterwegs sind, haben wir stets ein kleines Döschen mit Vaseline dabei. Damit können wir immer und überall „Blumentattoos" machen.

Man trägt ein bisschen Vaseline dünn auf die Haut auf – auf Gesicht, Arme oder Hände – und „klebt" darauf einzelne Blütenblätter oder kleine Blätter, am besten einzeln, fest. Ringelblumen kleben sogar von alleine. So entstehen Armbänder, Ohrringe, Fantasiegesichter.

Die Kinder sammeln dabei nicht nur die Blütenblätter ihrer Wahl, sondern entwickeln selber mit Vorsicht und Fingerspitzengefühl ihre eigenen Kreationen.

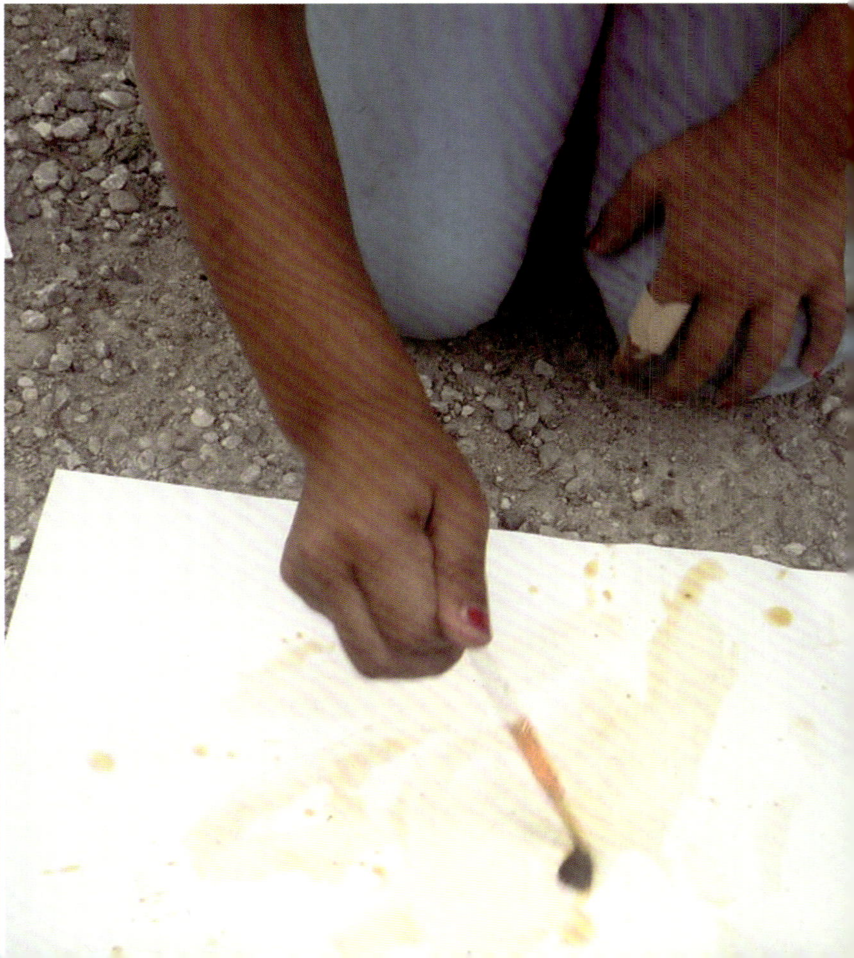

BLUMENFARBEN

Aus vielen Pflanzen lassen sich Farben gewinnen, mit denen man Bilder und Grußkarten gestalten, Steine und Holz bemalen, Ostereier, Wolle und Stoffe färben kann.

Dabei gibt es allerdings einiges zu beachten; nicht alle Farben sind beständig, manche bluten beim Waschen aus, andere verbleichen an der Sonne. Auch die Gewinnung der Farben ist eine Wissenschaft für sich. Es gibt zum Glück Literatur zu diesem Thema, oder man experimentiert, so wie wir. Ich erinnere mich, wie wir zum ersten Mal Ostereier mit Roter Bete färben wollten und diese mitgekocht haben. Wir haben lediglich braune Eier bekommen, aber nicht aufgegeben. So haben wir herausgefunden, dass man Brennnesseln oder Zwiebelschalen kochen muss, Spinat hingegen nicht, für Malvenblüten kaltes Wasser reicht und Beeren ausgepresst werden.

Während unserer Versuche haben wir auch entdeckt, dass man bei so mancher Färberei besser alte Kleidung und Handschuhe trägt. Als wir endlich herausgefunden hatten, dass man den Rote-Bete-Saft roh auspressen muss, hatte ich danach tagelang rote Finger davon. Aber immerhin: Jetzt wissen wir, dass die Farbe wunderschön und beständig ist.

Hat man seine Blumen- und Pflanzenfarben beisammen, kann man sie gut in verschlossenen Marmeladegläsern aufbewahren. Im Kühlschrank halten sie einige Wochen.

BLUMENBUTTONS

Kann man eine Blumenwiese mit sich herumtragen? Eine Erinnerung an den Sommer, die nahezu ewig haltbar ist, kann man sich in Form von Buttons anstecken. Die Blumen und Gräser werden zwischen Löschpapier getrocknet und gepresst. Hintergründe schneiden wir aus Katalogen, Zeitschriften, Geschenkpapier, Tapeten oder Stoffen aus.

Buttons gibt es in verschiedenen Größen, von etwa 2 bis 10 cm. Wir verwenden für die getrockneten Blumen Anstecker mit 7,5 cm Durchmesser. Buttonmaschinen gibt es in kleinen, günstigen Ausführungen. Eine große, stabile Buttonmaschine kann man sich vielleicht von einem örtlichen Verein ausleihen.

BLUMENGESCHWISTER

Jeden Herbst sammeln wir Samen im Garten, um diese im kommenden Jahr wieder auszusäen. Das hat einerseits den Vorteil, dass wir kein neues Saatgut kaufen müssen, und andererseits tragen wir damit zum Erhalt der Artenvielfalt bei. Zudem können wir mit den Kindern anhand der Blumen den Kreislauf der Natur wunderbar beobachten.

Meistens haben wir so viele Samen geerntet, dass wir damit auch noch anderen eine Freude machen können. Mir gefällt der Gedanke, dass bei Freunden im Garten oder auf dem Balkon Geschwister der eigenen Blumen wachsen.

Wir verschicken die Sämereien gerne als Ostergruß oder als Karte. Dafür tüten wir einen Esslöffel voll

Samen in ein Stück gefaltetes Packpapier ein, kleben es zu und binden es mit einem hübschen Geschenkband an eine Grußkarte. Diese kann man individuell gestalten: mit einem Foto der entsprechenden Pflanze oder einem selbst gemalten Bild. Hinweise zu Aussaat und Pflege sind hilfreich: Welchen Standort bevorzugt die Pflanze, ist sie winterhart oder einjährig, wie oft muss man sie gießen?

Große Samen, die man einzeln anfassen und einsetzen kann, sind für Kinder besonders gut geeignet, zum Beispiel Ringelblume, Sonnenblume, Wicken oder Erbsen. Auch Kresse zu säen, ist ein dankbares Erlebnis, weil sie schnell keimt. Man kann sie gut beobachten und das Ergebnis schon wenige Tage später genießen. Jemandem, der keinen Garten hat, kann man auch Küchenkräutersamen schenken.

SKABIOSE
"The Fire King"

KOCHEN FÜR DIE NATURKINDER

EGAL, OB MAN SICH UND SEINE FAMILIE VEGETARISCH, VEGAN ODER OHNE FLEISCHVERZICHT ERNÄHRT – BESONDERS MIT KINDERN WIRD MAN AUF EINE AUSGEWOGENE ERNÄHRUNG UND GUTE ZUTATEN WERT LEGEN. DAS FÄNGT SCHON BEIM EINKAUF AN UND BEI DER AUSWAHL DER LEBENSMITTEL. ALS BESONDERS WERTVOLL EMPFINDE ICH DIE GELEGENHEIT, EIN NAHRUNGSMITTEL SO NAH AM URSPRUNG ZU KAUFEN WIE MÖGLICH. SO HOLEN WIR SCHON MAL DAS MEHL DIREKT AUS DER MÜHLE, KAUFEN AM BAUERNMARKT ODER HOFLADEN EIN UND ERWERBEN HONIG BEIM IMKER. MEIN GROSSER TRAUM SIND IMMER NOCH EIGENE HÜHNER, DIE UNS FRÜHSTÜCKSEIER SCHENKEN.

MIT VORLIEBE VERARBEITEN WIR ZUTATEN, DIE WIR SELBST SAMMELN ODER ERNTEN: KRÄUTER AUS DEM GARTEN, HOLUNDER AUS DEM WALD, BEEREN VOM FELD.

NOCH SCHÖNER, ALS MIT LIEBE FÜR DIE KINDER ZU KOCHEN, IST MIT IHNEN ZU KOCHEN. SIE KÖNNEN SCHON SO VIEL SELBST MACHEN: SCHÄLEN, SCHNEIDEN, KNETEN, RÜHREN. UND KOSTEN. WAS SIE „SELBST“ GEKOCHT HABEN, DAS DÜRFEN WIR NICHT VERGESSEN, SCHMECKT AM BESTEN.

BROT BACKEN

Etwas so Ursprüngliches für unsere Familie herzustellen wie Brot, ist für mich ein zufriedenstellendes Ritual. Brot ist schlicht, aber es scheint mir vollkommen: ein Lebensmittel, das im Grunde aus Mehl, Wasser und Hefe besteht. Und aus der kostbaren Zeit, die man sich dafür nimmt, vielleicht gemeinsam mit den Kindern.

Das Teigkneten hat etwas Beruhigendes, Meditatives. Die Kinder schauen dabei gerne zu, wollen aber meistens mitmachen und selbst die Zutaten mischen und kneten.

Auch das Aufgehen des Teiges oder der Hefe ist eine faszinierende Angelegenheit. Während der Teig an einem warmen ruhigen Ort zugedeckt aufgehen soll, hab ich schon so manche neugierige Nase unter dem Geschirrtuch nach dem Rechten schauen gesehen. Und wenn es dann endlich so weit ist und der Laib in den Ofen darf, erfüllt ein unvergleichlicher Duft das Haus.

Eine Scheibe selbst gemachtes Brot, mit Butter und ein bisschen Schnittlauch oder Kresse von der Fensterbank, hat für mich, und ich glaube auch für unsere Kinder, einen ganz anderen Wert, als wenn es gekauft ist. Den einen oder anderen Laib haben wir auch schon verschenkt. Nach alter Tradition, mit einer Gabe Salz, zur Hauseinweihung.

BUTTERMILCHBROT

500 g Weizenmehl
250 g Roggenmehl
0,5 l Buttermilch
1 TL Salz
1 Packung Trockenhefe
eventuell 1 Packung Brotgewürze

Alle Zutaten mischen und ordentlich durchkneten. Dabei können sowohl Kinder als auch eine Küchenmaschine behilflich sein. Den Teig an einem warmen Ort zugedeckt ruhen lassen. Nun nochmals durchkneten, zu einem Laib formen und im Brotbackkorb eine weitere halbe Stunde gehen lassen. Auf ein Blech stürzen, einschneiden.
Bei 230 °C 40 Minuten backen.

Noch ursprünglicher ist es, den Teig mit einem Hefewürfel anzumachen. Ich habe hier die einfachste Variante gewählt, weil im Familienalltag manchmal nicht viel Zeit übrig ist. Noch einfacher kann man sich das Leben machen, wenn man den Teig am Vorabend knetet, zugedeckt aufgehen lässt und in der Früh in den Backofen schiebt. So hat man, ohne großen Aufwand, frisches, leckeres Brot zum Frühstück.

Am besten bleibt das Brot in einem Brotsack oder einer Brotschüssel haltbar. Aber alt wird es bei uns selten.

HOLUNDER

„Ringel, Ringel, Reihe, sind der Kinder dreie, sitzen unterm Hollerbusch, machen alle husch husch husch!“

Ein Holunderbaum darf in keinem Garten fehlen, sagt man. Seit jeher glauben die Menschen daran, dass er Haus, Hof und die Leute beschütze, die darin wohnen. Selbst wenn man keinen Garten hat, kann man von dieser Pflanze profitieren, die man in lichten Wäldern, Gebüschen und Hecken findet. Holunder ist sehr vielseitig. Man kann damit nicht nur allerhand basteln, sondern seine Beeren und Blüten in der Küche zu zahlreichen Leckerbissen verarbeiten.

Wir lieben Holunderblüten und müssen daran denken, nicht den ganzen Baum leer zu pflücken, sodass die Vögel im Herbst auch noch was von den Beeren haben.

HOLUNDERSIRUP

Für den Sirup sammeln wir ein halbes Kilogramm ungespritzte Holunderblüten, die nicht neben der Straße wachsen. Wegen des Aromas sollte man sie nämlich nicht waschen, sondern nur gut ausschütteln und ein wenig putzen.

Diese Holunderblüten und zwei unbehandelte, in Scheiben geschnittene Zitronen werden in fünf Liter Wasser aufgekocht und anschließend zum Auskühlen stehen gelassen, wobei man gelegentlich das Ganze umrührt. Nach 24 bis 48 Stunden werden die festen Bestandteile abgeseiht. Der Saft wird mit vier Kilogramm Zucker aufgekocht und in saubere Flaschen abgefüllt.

Angebrochene Flaschen sollte man im Kühlschrank aufbewahren und bald aufbrauchen.

HOLUNDERKÜCHLEIN

Für den Teig:

10 bis 12 Holunderblüten mit Stängel
100 g Mehl
3 Eier
0,25 l Milch
1 Prise Salz

Alle Zutaten bis auf die Holunderblüten mischen und glatt rühren. Die Holunderblüten mit dem Stängel in den Teig tauchen, vorsichtig in eine Pfanne mit Butter legen und goldbraun backen. Wenn die erste Seite fest ist, kann man den Stängel abschneiden. So lässt sich das Küchlein gut umdrehen.

Zum Abtropfen legt man die gebackenen Blüten auf ein Küchenpapier und lässt sie ein bisschen auskühlen. Nun kann man sie mit Puderzucker oder Zimtzucker bestreuen und genießen.

Luftiger wird der Teig, wenn man das Eiweiß mit einer Prise Salz steif schlägt, bevor man alles mischt.

Holunder blüht im Juni; seine streng süßlich riechenden Dolden sind leicht zu erkennen.

MARMELADEN

Einkochen ist keine Hexerei. Die Qualität der Marmelade steht und fällt allerdings mit der Qualität des Obstes. Beeren haben wir uns daher in den letzten Jahren gerne direkt beim Biobauern vom Feld gepflückt. Dabei konnten wir uns gleich von deren Güte überzeugen. Wenn die Kinder dabei noch etwas übrig lassen, probieren wir gerne die verschiedensten Marmeladevariationen aus.

FRÜHLINGSMARMELADE

Die Kombination aus Erdbeere und Rhabarber schmeckt uns bislang am besten. Vielleicht auch deshalb, weil dies die erste Marmelade ist, die wir jedes Jahr einkochen.

400 g Erdbeeren gewaschen und geputzt
600 g Rhabarber gewaschen und geputzt
1 Zitrone
1 Vanilleschote
500 g (Bio-)Gelierzucker im Verhältnis 1:2 zu den Früchten

Die Erdbeeren werden halbiert und der Rhabarber in kleine Stücke geschnitten. Das Ganze wird mit dem Zitronensaft sowie dem Inhalt der Vanilleschote fünf Minuten lang gekocht. Den Gelierzucker laut Packungsangabe hinzufügen, aufkochen und die Marmelade schließlich heiß in die vorbereiteten Gläser abfüllen.

Weil wir Marmelade oft verschenken, überlegen wir uns gerne eine passende Aufmachung für die Gläser. Für die frühlingshafte Deko schneiden wir aus buntem Seidenpapier je ein Paar Schmetterlinge aus und kleben sie vorne und hinten an einen feinen Draht oder eine dünne Paketschnur. Diese wickeln wir dann locker um die Gläser.

WECK

HERBSTMARMELADE

Zwischen Juli und Oktober sind im Wald reife Erdbeeren, Himbeeren und Brombeeren zu finden. Wir haben dann immer eine kleine Schüssel dabei zum Sammeln.

Da oft nur kleine Mengen zusammenkommen und davon die Hälfte bereits unterwegs genascht wird, frieren wir jeweils eine Hand voll Früchte ein, bis wir genug beisammen haben, um alles mit einer Packung Gelierzucker einkochen zu können.

1 kg Waldbeeren
Saft einer Zitrone
500 g (Bio-)Gelierzucker

Die Beeren waschen, abtropfen lassen und ein paar Minuten aufkochen. Wer es feiner mag, passiert die Früchte durch ein Sieb oder ein Passiergerät. Das Mus ohne Kerne wird nun mit dem Gelierzucker laut Packungsangabe aufgekocht und noch heiß in die vorbereiteten Gläser gefüllt.

(WILD-)KRÄUTERSUPPE

Um die Kraft der Natur in einem Suppentopf zu bündeln, kann man ein einzelnes Kraut verwenden, also zum Beispiel Kresse für Kresseschaumsuppe, oder man verwendet mehrere Kräuter und kocht eine gemischte Kräutersuppe. Bei uns kommt in den Topf, was gerade im Garten wächst oder wir im Wald gefunden haben. Wenn es heißt, wir machen Kräutersuppe oder Salat, laufen die Kinder schnell noch eine Runde ums Haus und kommen mit einer Hand voll Löwenzahnblättern und ein paar Gänseblümchen zurück – so sind die Zutaten komplett.

GRÜNDONNERSTAGSSUPPE

Obwohl man selbstverständlich das ganze Jahr über Kräutersuppe kochen kann, ist bei uns die „Neun-Kräuter-Suppe“, die traditionellerweise am Gründonnerstag gegessen wird, etwas ganz Besonderes.
Die machen wir nämlich am liebsten aus Wildkräutern, welche wir von den ersten Kräuterwanderungen des Jahres mitbringen.

Diese Suppe enthält neun Kräuter. Und die kriegt man sogar zusammen, wenn Ostern früh im Jahr ist. Trotzdem ist es jedes Jahr spannend, zu suchen, zu zählen und zu erraten, welche Kräuter diesmal in die Suppe kommen. Neun der Folgenden kommen in unseren Topf, sind aber bei weitem nicht alle, die man finden kann:

Frauenmantel, Brennnessel, Bärlauch, Sauerampfer, Löwenzahnblätter, Ruccola, Wegerich, Knoblauchsrauke, Schnittlauch, Gundermann, Schafgarbe, Wiesenschaumkraut, Sauerampfer und Gänseblümchen oder Veilchen als Dekoration.

Die Kräuter können von der Fensterbank, aus dem Garten oder von einem Wald- und Wiesenausflug kommen. Neben drei Hand voll Kräutern braucht man:

20 g Butter
2 Schalotten
1 Knoblauchzehe, fein gehackt
2 Hand voll Spinat, grob gehackt
1 EL Mehl
0,75 l Gemüsebrühe
0,125 l Sahne
Salz und Pfeffer

Die Schalotten fein hacken und in der Butter kurz anschwitzen. Gehackte Kräuter, Spinat und Knoblauch zufügen und kurz mitdünsten. Mit 1 EL Mehl binden, umrühren und mit Gemüsebrühe ablöschen. 15 bis 20 Minuten köcheln lassen. Mit einem Mixstab pürieren, die geschlagene Sahne darunterziehen. Mit einem Tupfer geschlagener Sahne und Blümchen servieren.

KRÄUTERMÄUSE

Gebackene Kräuter, die wie kleine Mäuse aussehen, kann man aus großen Blättern mit Stängeln dran machen. Am Stängel werden die Kräuter in den Teig getaucht und danach in die Pfanne mit Butter gelegt. Wir verwenden gerne Salbei, weil der auch geschmacklich so gut ist.

Für den Teig rühren wir 50 g Mehl, 2 Eier, 0.125 l Milch und eine Prise Salz glatt. Sollte davon etwas übrig bleiben, kann man daraus noch Eierkuchen zubereiten.

FARBENFROHE EISWÜRFEL

Wer sagt denn, Eiswürfel müssen durchsichtig sein? Gänseblümchen, Schnittlauch- oder Lavendelblüten, Veilchen, Rosenblüten oder -knospen und viele andere essbare Blüten lassen sich darin einfrieren. So verschönern sie Wasser, Säfte und kalten Tee. Ein toller Blickfang sind auch Himbeeren, Heidelbeeren, Brombeeren oder Johannisbeeren in den Eiswürfeln.

Wasser kann man auch mit farbigen Eiswürfeln aus verschiedenen Fruchtsäften aufpeppen, zum Beispiel aus Himbeersirup.

Eingefrorene Pfefferminzblätter oder Zitronenstückchen machen sich nicht nur optisch, sondern auch geschmacklich gut in einer Limonade.

Auch ein paar ansehnliche Reserve-Coolpacks haben wir auf diese Weise vorbereitet. In einem Gefrierbeutel frieren wir wenig Wasser und eine Kinderhand voll Blüten ein. Ich habe den Eindruck, die helfen besonders gut bei kleinen Beulen und Schwellungen.

BEERENSORBET ODER -EIS

Wenn wir frische, vielleicht selbst gepflückte Beeren nach Hause bringen und gerade keine Zeit haben, sie zu Marmelade oder anderen Köstlichkeiten zu verarbeiten, waschen und putzen wir sie nur schnell und frieren sie ein. Das ist perfekt für das Sorbet, das wir uns später daraus machen.

Dafür holen wir bei Gelegenheit, und die bietet sich im Sommer glücklicherweise häufiger, jeweils ein halbes Kilogramm Früchte heraus und lassen sie nur kurz antauen. So können wir sie, zusammen mit 150 g braunem Zucker und dem Saft einer halben Zitrone, zu einem feinen Sorbet mixen. Am besten mit einem Pürierstab, den auch die Kinder gut und gerne benutzen.

Wer das Sorbet cremiger mag, kann 0,125 l Joghurt oder Milch hinzufügen.

Wird das Sorbet nicht gleich gegessen, kommt es nochmals ins Gefrierfach und wird jede halbe Stunde umgerührt, bis zum Verzehr. Sollte noch etwas übrig bleiben, kann man die Masse auch in Eisformen füllen und tiefkühlen. Sobald Freunde bei uns im Garten zu Besuch sind, wird ihnen voller Stolz unser „selbstgemachtes Eis“ angeboten!

„MAMA, ESSEN IST FERTIG!“

Aus Wasser, Sand, Matsch und anderen Zutaten lässt sich ein köstliches Sechs-Gänge-Menü zusammenstellen; ein unerschöpfliches Spiel für viele Stunden, ganz ohne Zutun der Großen. Mama oder Papa sind gerne in der Nähe und lassen sich zwischendurch Sandkuchen, Blumensuppe, Grasauflauf und Blütensalat servieren.

Alles, was die Kinder draußen finden, wird zu Fantasiespeisen und -getränken verarbeitet: Kiesel, Sand, Erde, Rinden, Steine, Hagebutten, Blumen und Blätter. Auch Matschen nach Herzenslust gehört dazu. Die Köstlichkeiten werden gerne in Sandspielsachen serviert, aber auch ein Stück Rinde oder eine Baumscheibe als Teller oder Tablett machen sich gut.

„Noch ein bisschen Zucker, Mama?“ „Gerne, mein Schatz.“ Einen Löffel feinen weißen Sand zum Matschcappuccino kann man doch schlecht ablehnen, oder?

BLUMENBROTE

Essbare Blüten aufs Brot – das ist „Natur pur“. Es macht den Kindern Spaß zu sehen, dass man Pflanzen direkt essen kann.

Wenn wir einen Sommerausflug machen, packen wir manchmal nur Brot und Butter ein und sammeln unterwegs ein paar Wildkräuter, die wir dann auf den Butterbroten schnabulieren. Die Blüten eignen sich ansonsten auch bestens zum Verzieren von Salaten und Suppen. Veilchen sehen als Dekoration auf Torten hübsch aus.

Leicht zu erkennen und ohne Bedenken essbar sind unter anderem Kapuzinerkresse, Gänseblümchen, Hornveilchen, Schnittlauchblüten, Ringelblumen, Rosenblütenblätter, Lavendel- und Malvenblüten.

Die Blumen müssen ungespritzt sein, und wenn man sich nicht ganz sicher ist, ob sie zum Verzehr geeignet sind, sollte man lieber nochmals nachlesen oder sie im Zweifel nicht essen. Bei uns lautet ein Grundsatz, dass die Kinder nichts essen dürfen, ohne uns vorher zu fragen. Auch wenn sie etwas kennen, kommen sie zuerst zu uns: „Das ist ein Gänseblümchen, das kann man essen, stimmt's?“

Dasselbe gilt für die Kräuter im folgenden Kapitel.

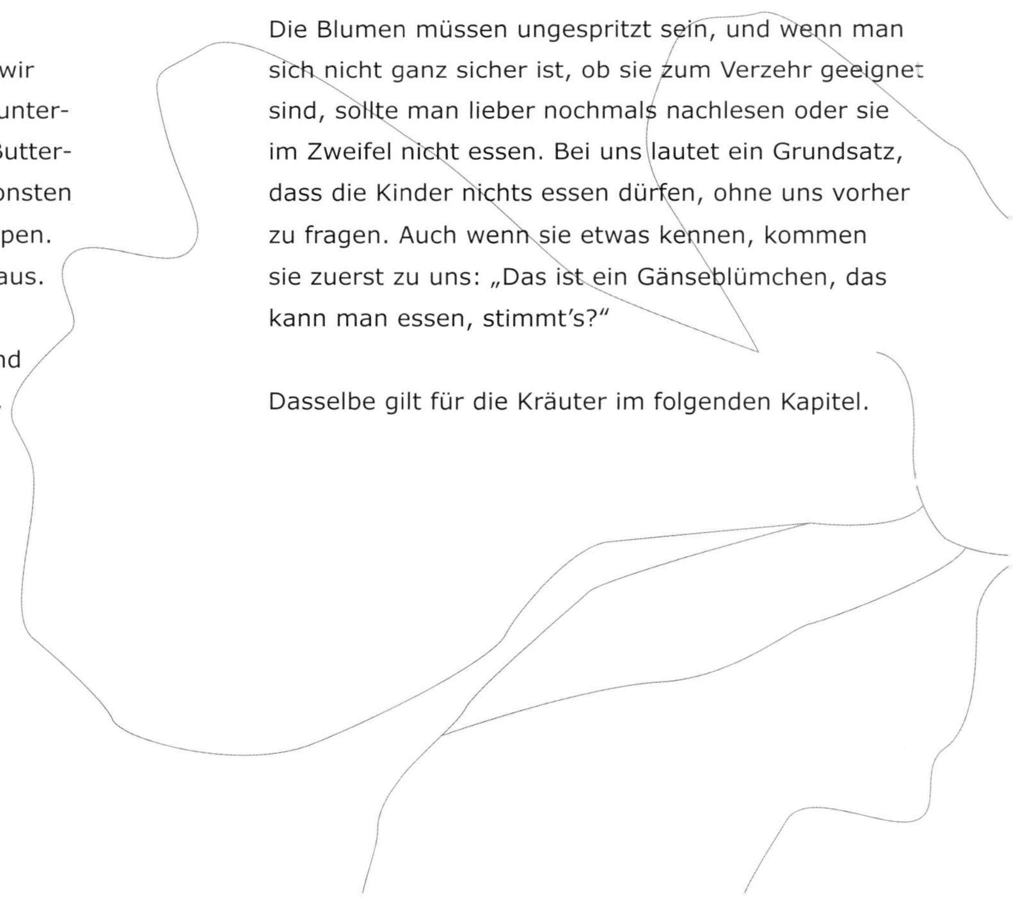

KRÄUTER FÜR DIE GANZE FAMILIE

KRÄUTER SIND FÜR UNS UNENTBEHRLICH. WIR WÜRZEN DAMIT SPEISEN, TROCKNEN SIE FÜR TEES UND KRÄUTERKISSEN, VERARBEITEN SIE ZU ALLERHAND SALBEN, ÖLEN UND PFLEGEPRODUKTEN. WIR SCHÄTZEN IHRE HEILWIRKUNG, IHREN GESCHMACK, IHREN HERRLICHEN DUFT UND IHR AUSSEHEN. EIN KRÄUTERSTRAUSS ALS MITBRINGSEL ERFREUT NICHT NUR DAS AUGE, SONDERN AM ENDE AUCH DEN GAUMEN DES BESCHENKTEN.

AUCH BIENEN UND SCHMETTERLINGE SIND GLÜCKLICH ÜBER UNSEREN KRÄUTERGARTEN. SELBST ALS WIR NOCH IN DER STADT GEWOHNT HABEN, STANDEN IMMER EIN PAAR KRÄUTERTÖPFE AUF DEM BALKON UND KÜCHENKRÄUTER AUF DER FENSTERBANK.

WALD UND WIESE SIND WEITERE QUELLEN FÜR UNSERE KRÄUTERSAMMLUNG. DORT WACHSEN NÄMLICH WILDKRÄUTER WIE HUFLATTICH, BRENNNESSEL, LÖWENZAHN UND SCHAFGARBE. MAN MUSS NUR RAUSGEHEN UND SIE ENTDECKEN! WENN MAN DIE PFLANZEN GERADE ERST KENNENLERNT, RÜSTET MAN SICH AM BESTEN MIT EINEM BESTIMMUNGSBUCH AUS ODER NIMMT AN EINER KRÄUTERWANDERUNG TEIL.

DIE GANZE SAISON ÜBER TRAGEN WIR KRÄUTER AUS WALD, WIESE UND GARTEN ZUSAMMEN. DIE MEISTEN TROCKNEN WIR, INDEM WIR SIE KOPFÜBER AUFHÄNGEN. KÜCHENKRÄUTER WIE BASILIKUM, PETERSILIE UND SCHNITTLAUCH WERDEN ZUM TEIL GEHACKT UND EINGEFROREN. WAS WIR WEDER KULTIVIERT HABEN NOCH DRAUSSEN FINDEN, KAUFEN WIR IM KRÄUTERLADEN.

BEI HUSTEN

In der sogenannten Übergangszeit, wenn die Temperaturen plötzlich sinken und das Wetter wechselhaft ist, sind die Kinder sehr anfällig für Erkältungen und Husten. Aber dagegen sind zum Glück viele Kräuter gewachsen! Von ihnen versuchen wir im Sommer genügend zu sammeln. Gegen Husten verwenden wir in erster Linie Spitzwegerich, Huflattich und Thymian sowie Salbei für die älteren Kinder. Linden- und Holunderblüten kommen bei Erkältungskrankheiten mit Fieber zum Einsatz.

Aus den genannten Kräutern kann man nach Gefühl einen Tee zubereiten und das kranke Kind über den Tag zwei bis drei Tassen schluckweise trinken lassen. Auch ein Aufguss zum Inhalieren hat sich bei älteren Kindern und Erwachsenen bewährt.

SPITZWEGERICHHONIG

Kräuterhonig gegen Husten ist bei Kindern beliebt und wirksam. Wir verwenden dafür am liebsten Spitzwegerich. Eine bis zwei Hand voll Blätter werden grob gehackt und in ein Marmeladeglas gefüllt, das mit Honig aufgefüllt wird. Den Honig und die Kräuter nun ein paar Wochen ziehen lassen, während man das Glas gelegentlich umdreht. Nun wird der Honig abgeseiht und in ein frisches Glas gefüllt. Bei Husten bekommen die Kinder zwei- bis dreimal täglich einen Teelöffel davon.

HANSDAMPF AUF VIELEN WEGEN

Viele Kräuter aus Wald, Wiese und Garten stehen uns nach dem Sammeln für Tees, Salben und Kräutersäckchen zur Verfügung. Aber das nützt uns wenig, wenn wir unterwegs sind und unsere „Helfer" zu Hause stehen. Deshalb ist es gut zu wissen, was man unterwegs gegen kleinere Wehwehchen tun kann.

Der Wegerich, den man auch fast überall findet, kommt einem dabei oft sehr gelegen. So unscheinbar er sein mag, er ist ein wahrer Tausendsassa. Neben dem beschriebenen Stellenwert als Husten- und Erkältungsmittel wirkt der Saft des Wegerich wundheilend.

BREITWEGERICH FÜR MÜDE FÜSSE

Auf einer langen Wanderung werden die Füße schon mal schwer und müde. Dann legt man sich einfach ein paar Wegerichblätter unter die Fußsohlen in die Schuhe. So werden die Füße wieder frisch und meistern auch den Rest des Weges noch.

WEGERICH BEI STICHEN, KRATZERN UND KONTAKT MIT BRENNNESSELN

Weil wir viel unterwegs sind, machten unsere Kinder schon früh Bekanntschaft mit Brennnesseln, und seitdem sie deren Wirkung auf der Haut kennen, meiden sie ihre Nähe. In der Hitze des Gefechts achtet man allerdings oft nicht genau auf die Pflanzen, merkt danach aber ziemlich schnell, dass man mit ihnen in Berührung gekommen ist. Das Erste, was die Kinder dann machen, ist, nach dem Wegerich Ausschau zu halten. Und der ist zum Glück meistens schnell gefunden. Wenn man seine Blätter etwas zerdrückt oder ein bisschen darauf herumkaut und ihn danach auflegt, beruhigt sich die beeinträchtigte Stelle gleich. Ebenso gut funktioniert der Wirkstoff bei leichten Kratzern und Insektenstichen.

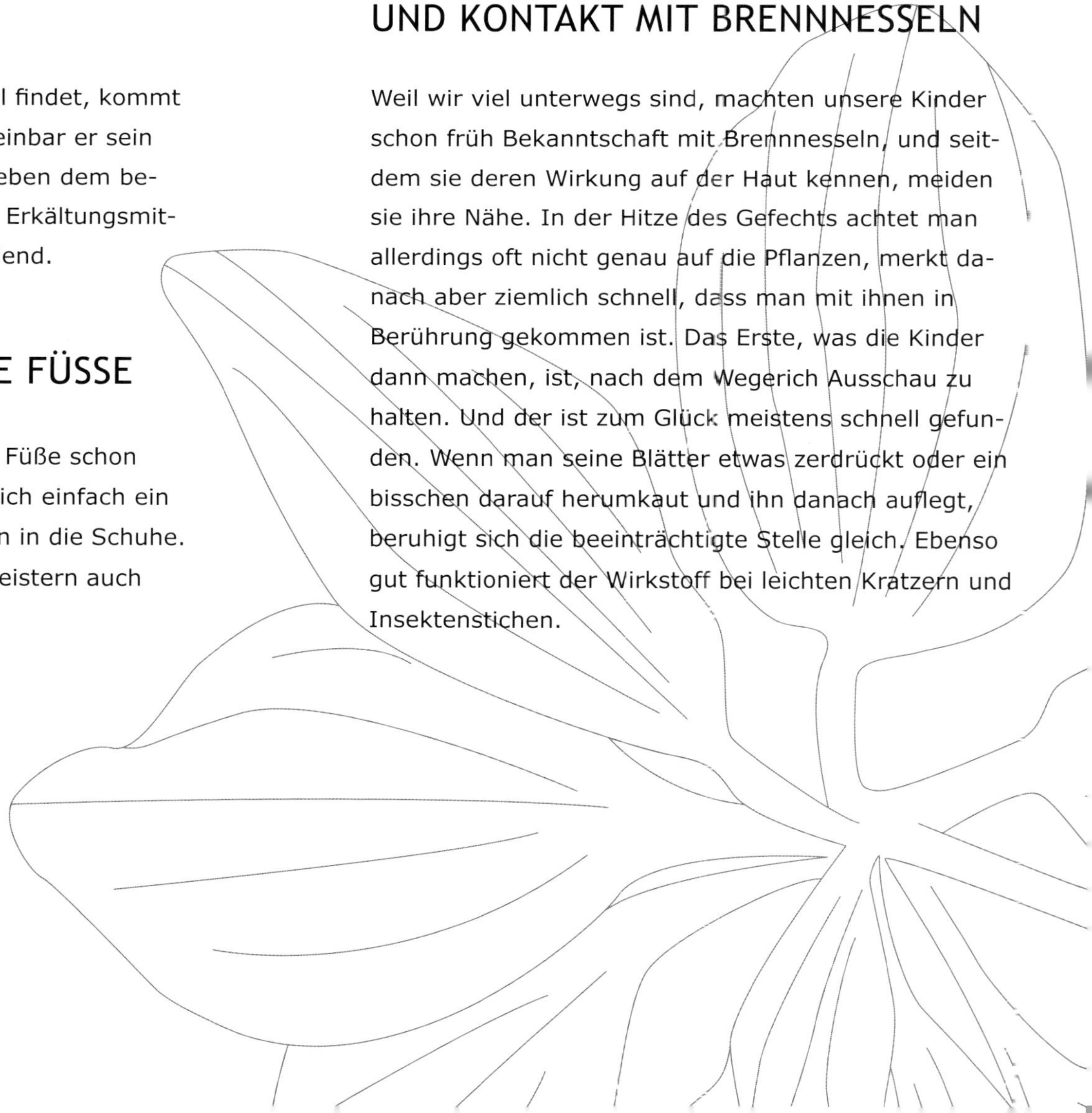

MMMH, DUFTE! KRÄUTERMEMORY

Kräuter und Gewürze schätzen wir nicht nur wegen ihrer Wirkung, sondern auch ihrer markanten Düfte wegen. Sie nur am Geruch zu erkennen, ist oft schwieriger als man denkt. Wir haben uns, um den Geruchssinn herauszufordern, nach und nach ein „Duftmemory“ angelegt. Es besteht aus jeweils zwei Säckchen, die mit getrockneten Kräutern gefüllt sind. Im Laufe der Zeit sind es immer mehr Paare geworden.

Die Stoffbeutel kann man mit der Hand oder mit der Maschine nähen. Die Kinder helfen dabei gerne mit.

Man schneidet etwa 7 x 7 cm große Quadrate aus Baumwollstoff zu, die man an drei Kanten rechts auf rechts zusammennäht. Nun dreht man die Säckchen um, befüllt sie mit den Kräutern und näht sie schließlich an der vierten Seite zusammen. Zwei gehäufte Esslöffel der folgenden Kräuter bzw. Gewürze sollten für ein Teil ausreichen: Kamille, Lavendel, Pfefferminze, Salbei, Thymian, Rosmarin, Nelken, zerkleinerte Zimt- oder Vanillestangen.

Spannend ist, ob man die Säckchen nicht nur paarweise zuordnen, sondern auch benennen kann. Als Gag haben wir auch ein Paar Beutel mit Baldrianwurzeln gefüllt, die ein bisschen streng riechen. „Mama,“ heißt es dann, „das ist das Säckchen mit den Stinkefüßen!“

„GUTE-TRÄUME-KISSEN“

Ein erholsamer und friedlicher Schlaf ist wichtig – sowohl für Kinder als auch für Erwachsene. Er kann, neben anderen Maßnahmen, durch eine Reihe beruhigender Kräuter unterstützt werden.

Die getrockneten Kräuter können in ein bestehendes Kissen eingenäht werden, das an der Seite aufgetrennt wird. Da hinein steckt man ein etwa 10 x 5 cm großes Baumwoll- oder Leinensäckchen, das mit den Kräutern gefüllt ist, und näht anschließend die Kissenhülle wieder zu. Alternativ kann man ein kleines Kräuterkissen mit dem Maßen 10 x 10 cm anfertigen.

Für Babys befülle ich die Säckchen nur mit ein wenig Kamille oder Lindenblüten. Für Kleinkinder verwende ich zwei oder drei der folgenden Kräutersorten: Lavendel, Kamille, Lindenblüten und Hopfen.

Liebevolle Rituale vor dem Zubettgehen sind von unschätzbarem Wert für einen harmonischen Übergang vom Wachsein in den Schlaf. Diese sorgen für Familienharmonie, schonen die Nerven der Eltern und fördern den gesunden Schlaf der Kinder. Ein täglich gleiches Abendprogramm gibt Sicherheit: Geschichten vorlesen oder erzählen, eine kurze Fußmassage (siehe Seite 80), ein Lied singen.

„ANTI-SCHULSTRESS-KISSEN“

Spezielle Lebenssituationen wie der Schuleintritt, ein Schulwechsel oder Prüfungen rauben Kindern gelegentlich den Schlaf.

Thymian, Johanniskraut oder Ringelblume sowie Baldrian für Teenager werden den oben genannten Kräutern hinzugefügt und auf die gleiche Weise wie für das „Gute-Träume-Kissen“ verarbeitet.

Auch als Tee können sie einen tiefen, erholsamen Schlaf unterstützen. Eine Duftlampe mit ätherischem Melissenöl oder ein paar Tropfen davon auf dem Kissen können Wunder wirken.

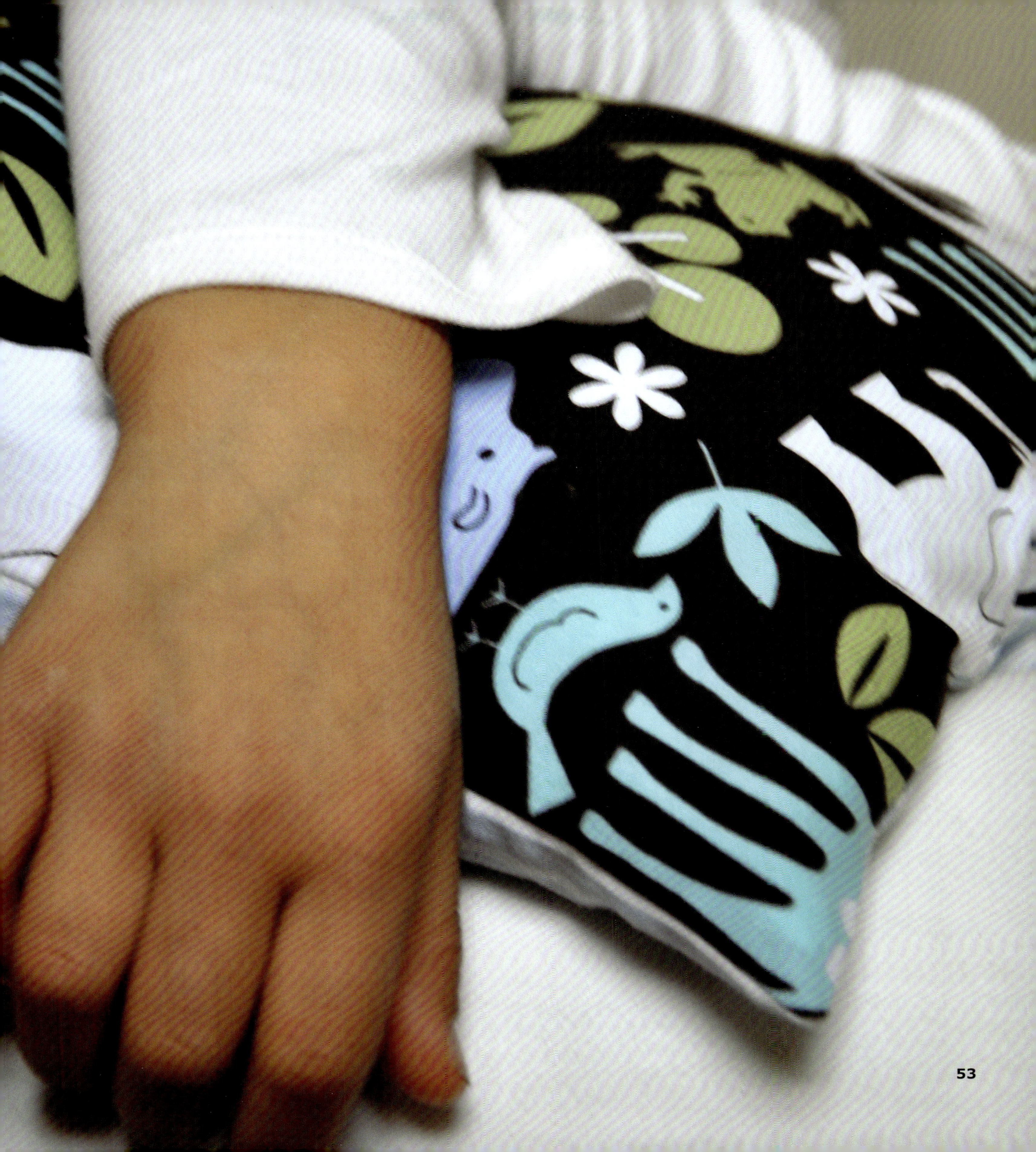

KRÄUTERSALZ

Beim Kräutersalz kommt es nicht so sehr auf die Wirkung der Kräuter, sondern vielmehr auf deren wunderbaren Geschmack an. Das Salz bewahrt uns regelrecht das Aroma des Sommers und verfeinert die Speisen.

Wir verwenden dafür meistens Küchenkräuter, aber man kann auch Wildkräuter verarbeiten. Diese werden gesammelt, getrocknet, fein gehackt oder abgezupft. Bei allen Arbeitsschritten helfen schon die Kleinsten eifrig mit, beim Mischen sowieso: Die Kräuter werden mit grobem Meersalz vermengt und in schöne Gläser abgefüllt.

Noch ein bisschen bunter und fröhlicher sieht es aus, wenn man den Kräutern ein paar getrocknete Ringelblumen oder Kornblumen hinzufügt.

KRÄUTERBUTTER

Die Kräuter, hier dürfen es auch frische sein, werden gehackt und mit 250 g weicher Butter, einem Teelöffel Salz und einer gepressten Knoblauchzehe verrührt.

Kräuterbutter kann in Form einer Rolle oder portionsweise eingefroren werden. Für besondere Anlässe lassen sich auch kleine „Butter-Blümchen" herstellen. Diese werden mit einem Spritzsack und einer Sterntülle auf Backpapier geformt und gekühlt oder eingefroren.

NATURKOSMETIK

WO FÜNF FAMILIENMITGLIEDER UNTER EINEM DACH WOHNEN, VERMUTET MAN EIN GANZES ARSENAL VON CREMEDOSEN. GEWISS HAT JEDER SEINE SPEZIELLEN PFLEGE-BEDÜRFNISSE UND VORLIEBEN, ABER WIR KOMMEN MIT WENIGEN PRODUKTMARKEN UND EIN PAAR BASICS GUT AUS. DARUNTER BEFINDEN SICH AUCH EINIGE SELBST-GEMACHTE ERZEUGNISSE.

ANGEFANGEN HAT ALLES MIT EINER RINGELBLUMENCREME. ICH BRAUCHTE EINE BABYCREME FÜR WUNDE UND TROCKENE HAUT, VON DER ICH WUSSTE, WAS DRIN IST: WENIGE, NATÜRLICHE ROHSTOFFE, RINGELBLUMEN AUS DEM EIGENEN GARTEN UND VIEL LIEBE.

ES GIBT UNZÄHLIGE REZEPTE FÜR GESICHT, LIPPEN, HÄNDE UND HAARE. WENN MAN ERST MAL EIN PAAR BASISREZEPTE AUSPROBIERT HAT, KANN MAN MEHR UND MEHR EXPERIMENTIEREN UND DIE INHALTE VARIIEREN. SO KANN MAN PRODUKTE HERSTELLEN, DIE DEM EIGENEN GESCHMACK ENTSPRECHEN UND DEN PERSÖNLICHEN BEDÜRFNISSEN GERECHT WERDEN.

RINGELBLUMENCREME

Die Ringelblume ist nicht nur eine wertvolle und vielseitige Heilpflanze, sie ist auch eine ideale Pflanze, an der die Kinder in allen Phasen teilhaben können: von der Aussaat über die Pflege bis zur Ernte und Verarbeitung.

Bei uns darf die Ringelblume nie fehlen, denn sie hilft bei so vielen kleinen Beschwerden, als Salbe oder Tee. Die Ringelblume wirkt entzündungshemmend, heilt Wunden und hilft gegen Sonnenbrand und trockene Hände. Als Creme eignet sie sich vorbeugend gegen Schwangerschaftsstreifen, und als Tee hat sie eine krampflösende Wirkung bei Magen-, Darm- und Unterleibsbeschwerden.

Die Ringelblume kann den ganzen Sommer über geerntet werden, am besten an einem sonnigen Tag ab Mittag, wenn die Blüten trocken sind. Die Blütenblätter werden von den Kelchen abgezupft.

Wir machen jedes Jahr eine Salbe aus frischen Blüten. Den Rest der Ernte trocknen wir und stellen bei Bedarf neue Salbe her. Ich glaube fest daran, dass die Liebe, mit der die Salbe hergestellt ist, sie doppelt wirksam macht.

3 EL getrocknete Blütenblätter
100 g Mandelöl
1 EL Bienenwachs

Alle Zutaten im Wasserbad schmelzen und ziehen lassen. Mehrmals abkühlen lassen und wieder schmelzen. Beim letzten Mal durch ein Sieb abseihen und abfüllen.

Für eine cremigere Konsistenz fügen wir mehr Öl hinzu, für eine festere Creme verwenden wir etwas mehr vom Bienenwachs.

Die zarte Kinderhaut braucht eigentlich nicht viele Badezusätze. Für ein Babybad genügen ein paar Tropfen Muttermilch oder Mandelöl. Später kommen eine milde Babyseife und ein Babyshampoo dazu.

Gerade die größeren Kinder freuen sich hin und wieder über ein Schaumbad oder buntes Badewasser.

ROSENBAD FÜR PRINZESSINNEN

Pro Bad braucht man:

2 EL Salz
2 EL Speisesoda
einige Tropfen ätherisches Rosenöl
eine Kinderhand voll ungespritzter Rosenblätter
rote Lebensmittelfarbe

Alle Zutaten werden vermischt und können direkt im warmen Badewasser aufgelöst werden. Unsere Kinder machen das gerne selbst und beobachten immer wieder fasziniert, wie sich das Salz langsam im farbigen Wasser auflöst.

Als Geschenk kann man den Badezusatz portionsweise oder in größeren Mengen in kleine luftdichte (Einweck-)Gläser füllen und dekorieren. So hält er mehrere Wochen In diesem Fall sollte man das Badesalz zunächst an der Luft trocknen lassen, das heißt drei bis vier Tage in einer Schüssel lassen und immer wieder umrühren.

VANILLEBAD FÜR PIRATEN

Pro Bad braucht man:

2 EL Salz
2 EL Speisesoda
einige Tropfen ätherisches Vanilleöl
blaue Lebensmittelfarbe

Die „Zubereitung" ist die gleiche wie beim Rosenbad. Die Geschenkvariante dekorieren wir mit einer ausgehöhlten Vanilleschote, die dem Salz noch zusätzliches Aroma verleiht.

ENTSPANNUNGSBAD FÜR NATURMAMAS UND -PAPAS

Auch die Erwachsenen sollten sich hin und wieder entspannen, mal abschalten, und sich zum Beispiel mit einem Kräuter- oder Blütenbad verwöhnen.

Dafür bereitet man sich einzelne Kräuter oder eine feine Mischung aus den folgenden unbehandelten Kräutern vor: Rosenblüten, Lavendel, Melisse, Ringelblumen.

Diese kann man in einem Teebeutel oder Baumwollsäckchen ins Badewasser legen oder daraus einen Aufguss kochen, den man zehn Minuten ziehen lässt und anschließend dem Wasser hinzufügt. Auch ein paar Tropfen ätherische Öle – Lavendel, Rose oder Melisse – beruhigen und bringen Erholung nach einem anstrengenden Tag.

HAARE

Die Regale in den Drogerie- und Supermärkten sind voll mit Haarpflegeprodukten für Kinder und Erwachsene. Simple pflanzliche Pflegeprodukte kann man aber auch leicht selbst herstellen. Für die unterschiedlichen Haartöne verwendet man die entsprechenden Pflanzen:

Für alle Haartypen und -farben sind Basilikum, Rose, Lavendel, Brennnessel und Ringelblume geeignet.

Helle Haare werden mit Kamille oder Lindenblüte gepflegt.

Die äußeren (grünen) Walnussschalen, Rosmarin und Salbei werden für dunkle Haare verarbeitet.

SPÜLUNG FÜR DIE HAARE

Dem Haartyp entsprechend bereitet man aus drei bis vier Esslöffeln der oben aufgelisteten Kräuter einen Aufguss mit 0,5 Liter Wasser zu. Diesen lässt man zwei bis drei Stunden ziehen. Vor der Anwendung erwärmt man die Spülung ein wenig und behandelt die Haare nach dem Waschen damit. Mit lauwarmem Wasser auswaschen.

Den Spülungen können nach Lust und Laune ein paar Tropfen ätherisches Öl hinzugefügt werden.

BABYSHAMPOO

Babyhaare werden anfangs nur mit Wasser gewaschen, dem eventuell ein paar Tropfen Mandelöl hinzugefügt werden. Später kann man ein mildes Babyshampoo selbst herstellen.

2 EL geriebene milde Babyseife oder neutrale Seife
0,25 l Kräuteraufguss von 1 EL Kräuter (Ringelblume, Lavendel, Melisse)
eventuell ein paar Tropfen ätherisches Öl (Rose oder Honig)
½ TL Mandelöl

Alles gut mischen, bis sich die Seife aufgelöst hat. Abkühlen lassen und vor Gebrauch nochmals aufrühren. Das Shampoo wird sanft einmassiert und gründlich ausgewaschen.

Das Babyshampoo sowie die anderen Haarpflegeprodukte sind in verschlossenen Behältern einige Tage haltbar. Ich mache die Anwendungen lieber in kleinen Mengen und jedes Mal frisch.

LIPPENBALSAM

Vor allem in der Übergangszeit und im Winter sind die Lippen oft sehr trocken. Kalte Luft draußen und trockene Luft in den Räumen strapazieren nicht nur die Lippen der Kinder. Selbstgemachte Lippenpflege ohne Konservierungsstoffe ist in dieser Zeit auch für die Erwachsenen ein Segen.

Als wir das erste Mal selbst Lippenbalsam hergestellt haben, waren wir ziemlich aufgeregt. Es hat sich gezeigt, dass die Prozedur sehr einfach ist und mittlerweile machen wir bei Bedarf im Handumdrehen Lippenbalsam.

3 EL Mandelöl
1 EL Bienenwachs
1 TL Honig
5 bis 10 Tropfen ätherisches Orangenöl

Mandelöl, Honig und Bienenwachs im Wasserbad langsam erwärmen, bis das Bienenwachs geschmolzen ist, dann vom Herd nehmen. Das ätherische Öl dazugeben und mit einem kleinen Schneebesen rühren, bis der Balsam schön cremig wird. Wie weich oder fest er sein soll, ist Geschmacksache. Wie bei der Ringelblumencreme gibt man mehr Bienenwachs hinzu für eine festere Konsistenz und mehr Öl, wenn man es weicher mag.

Der Lippenbalsam duftet so fein, dass man ihn am liebsten direkt aus dem Topf auftragen möchte. Zunächst aber wird er abgefüllt, am besten in kleine Döschen aus der Apotheke oder einem Internetversand. Die sind handlich, passen in jede Tasche und sind auch als Geschenk sehr beliebt.

DUFTSEIFEN HERSTELLEN

Es gibt verschiedene Methoden, Seifen selbst herzustellen. Die folgende einfache Variante eignet sich gut für den Anfang. Hier können die Kinder unter Aufsicht,mithelfen. Eventuell haben sie die Kräuter vorher selbst gesucht, geerntet und verarbeitet.

150 g neutrale, unparfümierte Basisseife (Glycerinseife aus dem Kosmetikzubehör- oder Bastelgeschäft)
100 ml Kräuteraufguss
0,05 l Mandel- oder Olivenöl
ätherisches Öl nach Wahl
eventuell Lebensmittelfarbe

Zunächst macht man einen Aufguss aus den Kräutern, die man gerne verwenden möchte. Dafür übergießt man zwei bis drei Esslöffel frische Kräuter mit 200 ml Wasser und lässt die Flüssigkeit mindestens 10 Minuten ziehen. Beim Abseihen sollten die benötigten 100 ml Flüssigkeit übrig bleiben. Die Kräuter, oder einen Teil davon, kann man zerkleinern und später ebenfalls in die Seife mischen.

Die Seife wird derweil mit einer Küchenreibe geraspelt oder in ganz kleine Stücke gehackt und bei wenig Hitze und unter gelegentlichem vorsichtigem Umrühren im Wasserbad geschmolzen. Das kann einige Zeit dauern und die Seife darf nicht schäumen. Auf keinen Fall darf die Masse kochen. Sobald sie flüssig oder cremig ist, nimmt man den Topf vom Herd und rührt den Aufguss, das Öl, ein paar Tropfen ätherisches Öl und eventuell Kräuter oder Lebensmittelfarbe darunter. Nun werden Eiswürfel- oder Sandkastenformen mit der Seifenmasse ausgegossen. Wenn die Seifenstücke fest sind, lassen sie sich leicht aus der Form lösen. Man kann auch eine große Kastenform benutzen und diese Riesenseife dann mit einem warmen Messer in kleinere Stücke schneiden.

Die einzelnen Seifenstücke können später verpackt oder gleich zum Gebrauch ins Badezimmer gelegt werden.

Die Duftseifen kann man mit allen erdenklichen Garten- oder Wildkräutern und Ölen herstellen:
Lavendel, Zitronenmelisse, Ringelblume, Kamille. Wir verwenden gerne Eisenkraut, das in unserem Kräutergarten wächst, aber auch an Wegrändern zu finden ist. Es ist gut für die Haut und hat antibakterielle und reinigende Wirkung. Das Eisenkraut wird im Sommer zur Blütezeit gesammelt. Man bekommt es auch getrocknet in der Apotheke. Dazu kommen ein paar Tropfen vom ätherischen Öl der Zitronenverbene, das sehr frisch duftet. Die Intensität des ätherischen Öls ist von seiner Konzentration abhängig. Daher halte ich Mengenangaben für schwierig; man muss immer ausprobieren, wie viele Tropfen es braucht.

SCRUB

„Sauber-schrubbe-dufte-Creme" – so nennen die Kinder den Scrub, den wir nach Malaktionen, Gartenarbeit, Fahrradreparaturen, „arbeitsreichen" Ausflügen, sprich: für richtig schmutzige Hände verwenden. Bei uns steht den ganzen Sommer über ein kleines Schälchen mit der frischen Creme neben dem Waschbecken.

Obwohl das Anmachen des Scrubs sehr unkompliziert ist, habe ich bei Bedarf lieber schon die entsprechende Menge für die Kinder vorbereitet, weil mir das Anrühren der Creme als eigene Aktion erscheint. Dabei hat das Reinigungsritual mit dem erfrischenden Ölzusatz das Potenzial, einen „Schlusspunkt" hinter eine Aktion zu setzen. So kann es einen schönen Übergang zu einer ausgleichenden Aktivität schaffen.

Zutaten pro Person:
1 TL Speisesoda
1 TL Öl
einige Tropfen ätherisches Öl

Wir mögen erfrischendes Mandarinen- oder entspannendes Lavendelöl für unseren Scrub. Die vermischten Zutaten werden auf den Händen verteilt und etwa eine Minute eingerieben. Anschließend werden die Hände normal mit Seife und Wasser gewaschen und eventuell mit Mandelöl oder Ringelblumencreme (siehe Seite 58) eingecremt.

Luftdicht in einem Plastikbehälter verpackt, ist der Scrub im Kühlschrank einige Zeit haltbar. Ich mache lieber kleinere Mengen davon, und was übrig bleibt, findet gerne auch als Duschscrub Verwendung.

WILLKOMMEN, BABY

WENN EIN KIND AUF DIE WELT KOMMT, IST ES JEDES MAL EIN KLEINES WUNDER. VOLLER GLÜCK DENKE ICH AN DIE ERSTEN STUNDEN MIT UNSEREN BABYS ZURÜCK. UND HEUTE, WENN UNS DIE FREUDIGE NACHRICHT EINER GEBURT ERREICHT, BERÜHRT MICH DAS IMMER GANZ BESONDERS.

OBWOHL DIESES KLEINE GESCHÖPF NICHT VIEL BRAUCHT – IM GRUNDE NUR NAHRUNG, WÄRME UND UNSERE LIEBE – MÖCHTEN WIR IHM, VOR ALLEM ALS ELTERN, DIE GANZE WELT SCHENKEN. VIELE VON UNS DENKEN SOFORT AN ETWAS HANDGEMACHTES, MIT DER ABSICHT, ETWAS GANZ PERSÖNLICHES ZU GEBEN UND MIT DER INVESTIERTEN ZEIT UND GEDULD IHRE ZUNEIGUNG AUSZUDRÜCKEN.

EINEN BAUM PFLANZEN

Schon seit vielen Jahrhunderten wird in verschiedenen Kulturen anlässlich besonderer Ereignisse im Leben einer Familie ein Baum gepflanzt, beispielsweise zu Hochzeiten und Geburten. Der Baum steht symbolisch für Gedeihen, Wachstum, Gesundheit und Lebenskraft.

Wir haben für jedes Familienmitglied einen „Lebensbaum" im Garten gepflanzt. Nach einer keltischen Tradition wird jedem Menschen gemäß seines Geburtsdatums ein „Lebensbaum" und dessen Eigenschaften zugeschrieben (siehe Tabelle im Anhang).

Neben drei kleineren Arten reichte es bei uns gerade noch für einen Nussbaum. Beim Ahorn mussten wir passen. Stattdessen, das ist eine Alternative, haben wir einen Obstbaum gepflanzt. Wir warten darauf, dass er bald die ersten Früchte trägt.

Wer keinen Garten hat und auch keine Verwandten, die ein Stückchen Erde zur Verfügung stellen können, kann über eine Baumpatenschaft nachdenken. Vielleicht bietet ein Bauer in der Umgebung ein Stückchen Land zu einem kleinen Unkostenbeitrag an.

Weniger empfehlenswert ist es, einen Baum im Wald oder Park einzusetzen, da der Fläche meist ein Landschaftsplan zugrunde liegt. Und wenn diesem dann ausgerechnet der eine, wichtige Baum eines Tages zum Opfer fällt, ist die Enttäuschung groß.

Bäume mit Wurzelballen oder im Topf kann man die ganze Saison über pflanzen. Wurzelnackte Bäume pflanzt man im Herbst.

Dafür sucht man sich einen schönen Platz im Garten mit genügend Abstand zu anderen Pflanzen und gräbt ein entsprechendes Loch. Wenn dabei alle Familienmitglieder, also auch ältere Geschwister, mithelfen, macht die Aktion umso mehr Spaß und wird bedeutungsvoller. Sobald man die Wurzeln in das Loch gesetzt und dieses vorsichtig mit Erde aufgefüllt hat, wird erstmal mit gut ein bis zwei Gießkannen Wasser geschlämmt. Nun wird die Erde noch mal gut festgetreten und erneut gegossen. Es schadet nicht, gleich einen dicken Pflock mit einzugraben, an dem man den Baum festbindet, um ihn zu stabilisieren.

Je mehr ältere Kinder in diesen gesamten Prozess eingebunden sind, desto mehr Verbindung, scheint mir, nehmen sie mit dem Baum auf. Sie gießen ihn, pflegen ihn und können es im Frühjahr kaum erwarten, die ersten Knospen zu entdecken

WÄRME SCHENKEN

Handarbeiten für ein Baby, das auf dem Weg ist oder gerade geboren wurde, hat für mich etwas ungemein Erfüllendes. Ich erinnere mich gerne daran, mit rundem Babybauch und schöner Wolle auf den Nadeln winzige Jäckchen, Mützen und Babydecken gestrickt oder gehäkelt zu haben, während ich mir vorgestellt habe, wie unser Baby wohl aussehen wird und mir die gemeinsame Zeit ausgemalt habe.

Mit einem selbstgestrickten Deckchen schenkt man symbolisch Herzenswärme.

„Natur pur" ist so eine Decke, wenn man dafür 100 % Schafwolle verwendet, ungefärbt. Vielleicht kann man die Wolle direkt von einer Spinnerei in der Region oder auf einem Markt erstehen. Hat man die Möglichkeit, bei einem Anbieter seines Vertrauens zu kaufen, kann man relativ sicher sein, dass die Wolle von glücklichen Schafen stammt und auch durch die Verarbeitung keine schädlichen Chemikalien enthält.

Schafwolle hält erstaunlich warm. Entgegen hartnäckiger Vorurteile riecht sie nicht unbedingt streng und muss nicht kratzen. Es gibt sie auch kuschelweich versponnen zu kaufen. Wenn sie dennoch nicht gerne am Körper getragen wird, kann man eine Baumwollwindel dazwischenlegen. Oder man verwendet sie als Überdecke für die Wiege oder den Kinderwagen.

Die hier beschriebene Babydecke wird nur rechts gestrickt und ist somit auch ein ideales Projekt für Strickanfänger/-innen. Was man braucht, ist Geduld. Aber gerade bei einem so einfachen Muster wird das Stricken beinahe zur Meditation.

Ideal ist dieses Projekt auch für werdende Mütter: Man legt die Beine hoch, kommt zur Ruhe und lässt die guten Gedanken schweifen.

ANLEITUNG FÜR DAS BABYDECKCHEN

Fertiges Maß: 80 x 80 cm
Nadeln: Nr. 4
Maschenprobe: 16 Maschen x 30 Reihen = 10 x 10 cm

128 Maschen anschlagen. Kraus rechts stricken (nur rechte Maschen), bis die Gesamthöhe von 80 cm erreicht ist. Maschen abketten und Fäden vernähen.

So eine Babydecke ist ein Geschenk, das oft von Kind zu Kind oder sogar von Generation zu Generation weitergegeben wird.

Die Zeit mit eigenen Kindern ist eine Zeit, in der sich viele Eltern an alte Traditionen erinnern und Handarbeiten wieder aufnehmen. Oft bietet sich auch eine Gelegenheit, etwas noch einmal zu versuchen, wofür man glaubte, zwei linke Hände zu haben. Und kaum hat man begonnen, sind schon eine Babydecke, ein Paar Babysocken und eine Strampelhose gestrickt.

PERSÖNLICHE TEEMISCHUNGEN

Teegeschenke mit ausgewählten Zutaten machen dem Empfänger Freude, weil sie ganz speziell für ihn zusammengestellt werden. Man hat sich Gedanken gemacht, was dem Baby oder der Mutter in ihrer momentanen Situation gut tun könnte und noch eine Portion liebe Gedanken und gute Wünsche hinzugefügt.

Zudem macht das Abmischen der Kräuter Kindern selbst Spaß. Es ist eine gute Gelegenheit, ihnen nebenbei etwas über die Wirkung der einzelnen Kräuter zu erzählen. Wir stellen für eine solche Aktion die gebräuchlichsten Kräuter bereit und kombinieren sie nach Gefühl, während wir an denjenigen denken, für den der Tee bestimmt ist.

TEE FÜR BABY

Gestillte Babies brauchen eigentlich kaum zusätzliche Flüssigkeit. Auch Babies, die mit der Flasche gefüttert werden, kommen grundsätzlich mit ihrer Milchnahrung aus. In der warmen Jahreszeit kann man ihnen aber schon mal einen Schluck Tee anbieten. Auch wenn Babies von Blähungen, Bauchschmerzen oder Koliken geplagt werden, empfiehlt es sich, ihnen vor der Mahlzeit ein paar Teelöffel Fencheltee oder gemischten Kräutertee einzuflößen.

Wir machen für Babies eine Mischung aus drei bis vier der folgenden Kräuter: Kamille, Fenchel, Kümmel, Anis, Koriander, Lorbeerblatt.

Insgesamt reicht eine 50 g-Packung fürs Erste auf jeden Fall aus, weil der Tee für Babies ganz dünn sein sollte. Wir haben stets einen Aufguss mit 1/2 TL pro Tasse gemacht und dann nochmals verdünnt.

TEE FÜR MAMA

Für die werdende oder frischgebackene Mama bietet sich, je nachdem, Schwangerschafts-, Wochenbett- und Stilltee an. Letzteren kann man aus den gleichen Kräutern wie den Babytee mischen. Für die Mamas geben wir noch ein paar Rosenblätter dazu. Nicht fehlen dürfen Frauenmantel und Schafgarbe. Viele hilfreiche Kräuter können bei bestimmten Problemen im Wochenbett hinzugefügt werden.

Bei Teemischungen rund um Schwangerschaft und Geburt empfehle ich, aufzuschreiben, welche Kräuter man verwendet hat. So kann die Mutter im Zweifel ihre Hebamme fragen, ob all das für ihre persönliche Situation zuträglich ist.

KAFFEE FÜR PAPA

Wenn wir Tee für ein Baby und seine Mama verschenken, ergänzen wir das Paket gelegentlich um ein Päckchen Kaffee für den frischgebackenen Papa, der nun vielleicht auch ein paar kurze Nächte durchmacht.

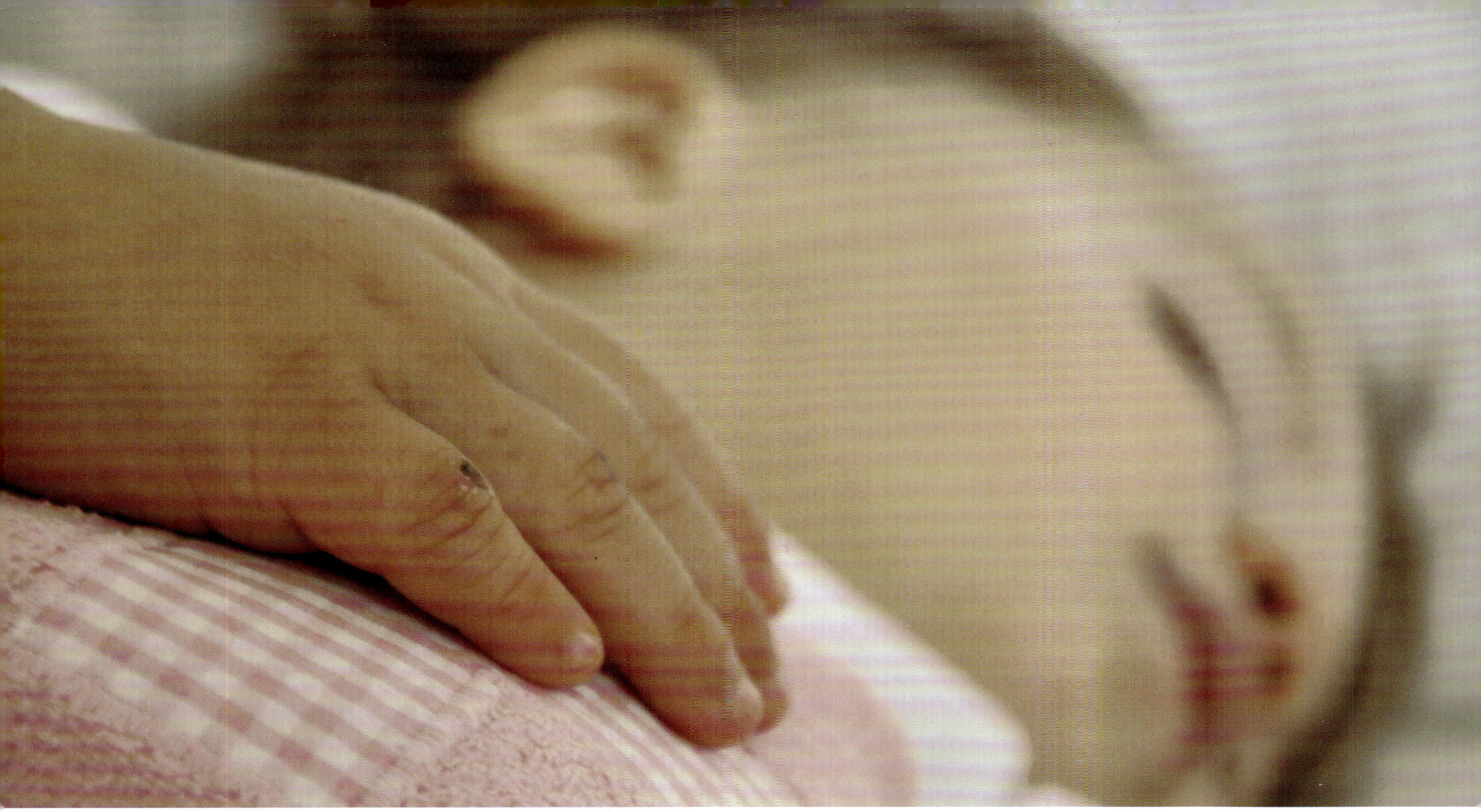

DINKELKISSEN

Wenn ein Baby unter Blähungen oder Bauchschmerzen leidet, kann neben der entsprechenden Teemischung auch eine sanfte Wärmeanwendung Wunder wirken. Wir verwenden dafür ein kleines Dinkelkissen; es wird nicht zu heiß, speichert aber die Wärme lange. Auch zu kalten Füßen legen wir es mitunter. Die Mama, die vom Stillen und Tragen Nackenschmerzen hat, leiht sich das Kissen auch ab und zu aus.

Für das Kissen schneidet man aus Baumwolle zwei 15 x 15 cm große Stücke (plus Nahtzugabe) zu, die an drei Seiten rechts auf rechts zusammengenäht werden. Nun wird die Arbeit auf die rechte Seite gewendet und gebügelt. Der Stoff auf der offenen Seite wird gemäß der Nahtzugabe eingeschlagen und umgebügelt. Das Kissen füllt man mit Dinkelkörnern und näht anschließend die offene Seite zu.

Dinkelkörner sind im Drogeriemarkt, Onlineversand oder im Biomarkt erhältlich; am besten kauft man Körner aus biologischem Anbau. Vor der Verwendung legen wir das Dinkelkissen auf die Heizung, es kann aber auch in der Mikrowelle erwärmt werden.

MASSAGEÖLE

Babymassagen sind mehr als körperliche Massagen – sie bedeuten Zeit und Zuwendung. Ratsam ist es, dass man sich dafür täglich, möglichst zur gleichen Tageszeit, ein paar Minuten einplant, zu denen man mit Ruhe und Konzentration bei der Sache sein kann.

Mit einem ausgewählten Massageöl kann man das sinnliche Erlebnis abrunden. Hochwertiges Mandel-, Sesam- oder Olivenöl, kaltgepresst und naturbelassen, sind die erste Wahl. Weil der Geruchssinn der Babys noch sehr empfindlich ist, reicht das pure Öl vollkommen aus. Unsere Hebamme riet uns, höchstens ein paar Tropfen ätherisches Rosenöl beizumischen. Der Stoffwechsel wird schon durch die Massage angeregt, weshalb man sie bei Neugeborenen nicht anwenden soll, sondern erst, wenn die Babys ein paar Wochen alt sind.

Das Öl wird vor der Massage ein bisschen erwärmt. Man kann sich für die Anwendung nach einer Anleitung richten oder einen Babymassagekurs besuchen. Wenn man sich dabei wohl fühlt, kann man sein Baby aber auch nach Gefühl streicheln und massieren. Man kommt mit der Zeit in eine Routine, die sowohl dem Kind als auch dem Erwachsenen gut tut. Wenn das Programm und die Zeit es erlauben, empfiehlt sich anschließend ein Bad.

BÄUCHLEINÖL

Auch die verdauungsfördernden Kräuter, die auf Seite 76 beschrieben wurden, können in Form von ätherischem Öl helfen, Bauchschmerzen zu vertreiben.

Ergänzt man das Basisöl mit je ein paar Tropfen ätherischem Anis-, Fenchel-, Koriander- und Kümmelöl, so erhält man das klassische „Vier-Winde-Öl“, mit dem man Babys Bauch im Uhrzeigersinn vorsichtig massiert. Auch Mamas Brust kann vor dem Stillen ein wenig damit eingeölt werden.

BABYBAD MIT KRÄUTERN

Das gleiche Öl kann man auch als beruhigenden Badezusatz nutzen. Man löst ein paar Tropfen in ganz wenig Sahne auf und fügt diese dem warmen Badewasser hinzu.

Ingeborg Stadelmann empfiehlt in ihrem Buch „Die Hebammensprechstunde“ ein Bad mit den ätherischen Ölen Rose, Lavendel, Honig oder Vanille.

EINE MINUTE NUR FÜR DICH

Übrigens freuen sich auch größere Kinder über eine solche Art der Zuwendung. Das muss nicht mehr die Ganzkörpermassage sein; eine Hand- oder Fußmassage mit den oben beschriebenen Ölen ist ein Geschenk in Form von Zeit, die gerade wenn Geschwister da sind im Alltag oft beschränkt ist.

So oft es geht, mache ich mit den Kindern vor dem Essen folgendes Ritual, bei dem ich versuche, mich ganz fest auf jedes Einzelne einzulassen: Eines nach dem anderen kommt nach dem Händewaschen zu mir und ich träufle ihm ein Öltröpfchen auf die Hand. Dann massiere ich das Öl ein und sage dabei diesen Spruch:

„Da hast einen Taler,
gehst auf den Markt,
kaufst eine Kuh,
ein Kälbchen dazu,
das Kälbchen hat ein Schwänzchen.
Didldididldi-Tänzchen.“

Bei der letzten Zeile werden die Handflächen gekitzelt.

BASTELN, MALEN, WERKELN

JE URSPRÜNGLICHER UND NATÜRLICHER DIE MATERIALIEN SIND, DIE WIR FÜR UNSERE BASTELAKTIONEN VERWENDEN, DESTO MEHR RAUM BLEIBT FÜR DIE KREATIVITÄT DER KINDER. WENIGER IST MEHR.

VIELE DER VERWENDETEN MATERIALIEN FINDET MAN DRAUSSEN, UND EIN PAAR BASICS ZUM ARBEITEN HAT MAN MEISTENS DAHEIM. UND SOGAR DIESE GRUNDMATERIALIEN KANN MAN SELBST MACHEN, ZUM BEISPIEL UNGIFTIGE FINGERFARBEN ODER KLEBER.

VOR ALLEM SOLLTE DER SPASS AN DER AKTION IM VORDERGRUND STEHEN. DESHALB FÄNGT MAN AM BESTEN MIT EINFACHEN PROJEKTEN AN UND BEREITET ALLES MÖGLICHST SORGFÄLTIG VOR. SO IST MAN NICHT STÄNDIG DAMIT BESCHÄFTIGT, DINGE ZU SUCHEN, DIE MAN BRAUCHT. MIT UNEMPFINDLICHER KLEIDUNG UND ABGEDECKTEN MÖBELN VERMEIDET MAN STRESS, WENN ES MAL EIN BISSCHEN WILDER ZUGEHT. ÜBERSICHTLICHE PROJEKTE HABEN AUCH DEN VORTEIL, DASS DIE KINDER WEITGEHEND SELBSTÄNDIG ARBEITEN KÖNNEN UND NICHT AM ENDE EIN ERWACHSENER ALLES MACHT.

ICH BIN IMMER WIEDER ERSTAUNT, WELCHE KUNSTWERKE DIE KINDER MIT DEN EINFACHSTEN MITTELN ERSCHAFFEN. AUF DAS ERGEBNIS SIND SIE MIT RECHT STOLZ. IHRE WERKE WERDEN MIT VORLIEBE ZU HAUSE AUSGESTELLT, BENUTZT ODER VERSCHENKT.

NATUR
TAGEBUCH
von
PAUL

NATURTAGEBUCH

In der Natur gibt es unendlich viel zu entdecken und zu erleben. Für Kinder ist alles noch neu und spannend. Deshalb ist es schön, wenn man besondere Ereignisse und Eindrücke aufzeichnen kann.

Wir haben mit unseren Kindern Naturtagebücher angelegt, für jedes ein eigenes, in dem sie ihre Erinnerungen festhalten können: den Regebogen nach einem heftigen Gewitter, die gemeisterte Bergtour, einen warmen Novembertag, an dem man barfuß gehen konnte.

In ihrem Büchlein können die Kinder zeichnen, getrocknete Blumen aufbewahren oder Postkarten und Fotos einkleben. Gerade Fotos von Landart-Aktionen bewahren das Andenken an Werke, die man draußen zurückgelassen hat. Größere Kinder machen sich gerne Notizen über Projekte oder Ideen. Auch Schatzkarten und Lagepläne finden ihren Platz, in denen der Weg zu einem Geheimplatz oder Tipi verzeichnet ist. Nicht zuletzt darf der Umschlag individuell mit Bildern, Namen oder Blätterdruck (siehe Seite 88) gestaltet werden.

Ein Heft im Format DIN-A5 ist nach unserer Erfahrung perfekt: groß genug zum Malen und klein genug zum Mitnehmen im Rucksack.

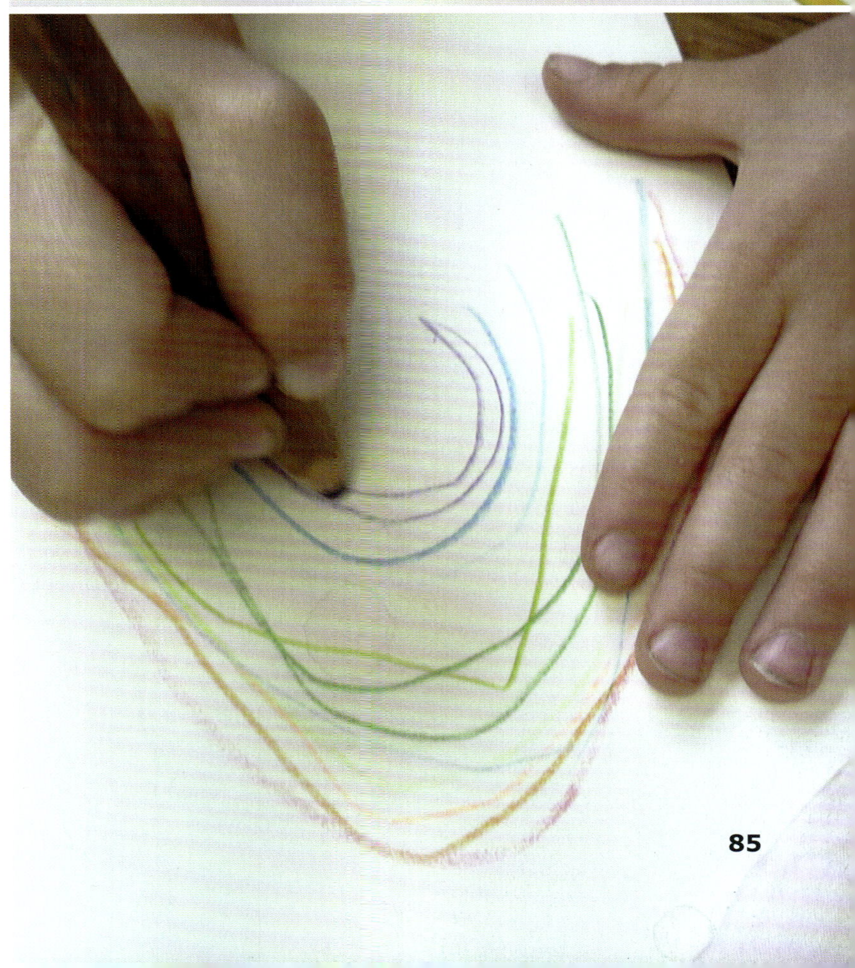

MATERIALIEN FÜR DIE KLEINSTEN

Die meisten Kinder basteln, malen, werkeln gerne. Sie schaffen dabei mit Händen und Füßen, mit ganzem Körpereinsatz. Nicht selten wandert etwas in den Mund, deshalb sollte man beim Kauf auf kindersichere Utensilien achten – oder selbst welche herstellen. Das geht relativ einfach, ist günstig und die meisten Zutaten stehen im Küchenregal.

FINGERFARBEN

Ungiftiger, günstiger und einfacher geht's nicht. Den Kindern macht nicht nur das Malen Spaß, sondern bestimmt auch das Anrühren der Farben:

100 g Mehl
0,1 l Wasser
1 EL Speiseöl
Lebensmittelfarbe nach Wunsch

Alle Zutaten mischen. Und schon beginnt der Malspaß.

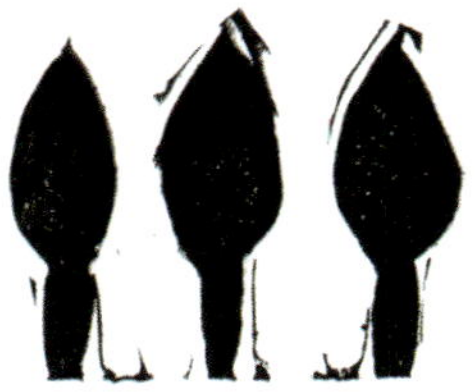

KLEBER

1 Teil Mehl
6 Teile Wasser
1/2 Teil Salz

Alle Zutaten werden kurz aufgekocht, während man mit einem Schneebesen rührt, bis eine zähe Masse entsteht. Sobald sie ausgekühlt ist, kann man sie mit dem Pinsel oder den Fingern auftragen.

Der Kleber ist zwar nicht durchsichtig, dafür absolut kindergerecht. Er eignet sich auch bestens für Papiermaché-Arbeiten. Dabei füge ich dem Kleber noch einen Tropfen Nelkenöl als Konservierungsmittel hinzu. In einem Marmeladeglas oder Plastikbehälter lässt sich der Kleber mehrere Tage aufbewahren.

KNETE

300 g Mehl
0,25 l heißes Wasser
3 - 4 EL neutrales Speiseöl
3 EL Salz
Lebensmittelfarbe nach Wunsch

Alle Zutaten mischen und zu einem geschmeidigen Teig kneten, am einfachsten geht das mit einer Küchenmaschine. Wenn der Teig zu klebrig ist, gibt man ein bisschen Öl hinzu, wenn er zu fest ist, Wasser und wenn er zu dünn ist, Mehl. Manchmal verirren sich bei uns ein paar Tropfen ätherisches Melissen- oder Lavendelöl in die Knetmasse; das duftet wunderbar und hat eine beruhigende Wirkung.

Salzteig wird ähnlich gemacht. Man nimmt dafür die gleiche Menge Salz wie Mehl und etwas weniger Wasser.

BLÄTTERDRUCK

Der Herbst ist Blätterdruckzeit. Es scheint, als fielen die Blätter extra für unsere Projekte von den Bäumen. Aber natürlich kann man das ganze Jahr über mit Blättern kreativ sein; die vielen unterschiedlichen Formen laden zum Gestalten und Experimentieren ein.

Wenn man zum Drucken die Rückseite der Blätter einfärbt, kommt die Äderung der Blätter stärker zur Geltung. Wir verwenden dafür Farbroller und Glasplatten, auf denen sich Acrylfarbe gleichmäßig verteilen lässt. Pinsel oder Finger tun aber genauso ihre Dienste. Auf diese Art entstehen farbenfrohe Bilder, Grußkarten, Geschenkpapiere, Hefteinbände und vieles mehr. Für besondere Produkte wie Weihnachtskarten oder Geschenkanhänger erzielt man mit Gold- oder Silberfarbe tolle Effekte.

WALNUSS-SCHWIMMKERZEN MIT BIENENWACHS

Walnüsse versuchen wir immer so vorsichtig wie möglich zu knacken und auszulösen, sodass zwei schöne Schalenhälften übrig bleiben. Mit denen kann man nämlich allerhand basteln.

Für die Schwimmkerzen schmilzt man langsam Bienenwachs im Wasserbad. Das duftet herrlich. In das Wachs taucht man vorsichtig ein Stück Docht und klebt ihn mit einem Tropfen Wachs am Boden der Walnussschale fest. Sobald er fest hält, kann man die Nussschale mit Wachs füllen.

Beim Kauf von Docht sollte man auf gute Qualität und die Kerzengröße achten. Die Kerzen sollte man nur im Wasser schwimmend, in einer feuerfesten Schale und unter Aufsicht brennen lassen.

ZIMM R FREI

EIN KLEINES INSEKTENHOTEL BAUEN

Ein Insektenhotel zu bauen, macht nicht nur den Kindern, sondern in erster Linie den Wildbienen eine Freude, auch wenn das Hotel schlicht ist. (siehe Seite 150)

Man benötigt dazu diverse Äste, die wir von unseren Ausflügen mitbringen. Wildbienen bauen ihre Nester in Löchern oder hohlen Ästen, daher sammeln wir für dieses Projekt vorwiegend Holunderzweige, die man aushöhlen kann (siehe Seite 143) und Knöterich. Bestens geeignet sind auch dünne Bambusrohre, die vielleicht ein Gartenbesitzer erübrigen kann.

Die einfachste Bauvariante besteht aus einer Hand voll solcher Äste, die alle etwa gleich lang sind und mit einer Gartenschnur zusammengebunden und aufgehängt werden.

Wenn man ein paar leere Metalldosen übrig hat, füllt man den Boden mit einer dünnen Lehmschicht auf, in die man die hohlen Zweige steckt. Die Dosen können noch mit wetterfesten Farben oder Serviettentechnik verziert werden und anschließend mit einer Schnur oder an der Wand befestigt werden. Die Insektenhotels sollten an einem sonnigen Platz angebracht werden und möglichst so, dass sie nicht nass werden.

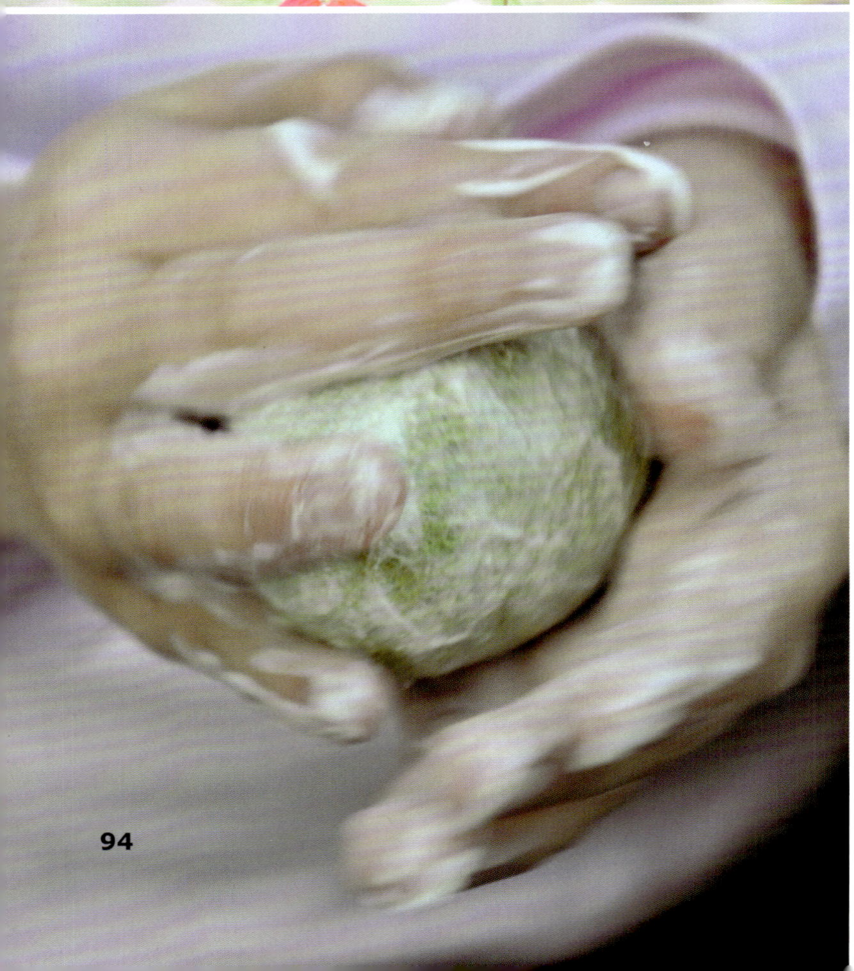

SEIFEN FILZEN

Eine besonders sinnliche Bastelaktion ist das Herstellen von Filzseifen. Kinder lieben es, mit Wasser zu spielen, und oft versinken sie regelrecht in der Tätigkeit des Seifenfilzens. Wenn man herrlich duftende Kräuterseifen verwendet, wird auch die Nase noch verwöhnt. Ich mag besonders auch Schafmilchseife, die beim Filzen mit Schafwolle umwickelt wird.

Man braucht:

kleine Stücke Kräuterseife, etwa 3 cm lang
farbige Filzwolle
ein wenig Seife, in einer Schüssel mit Wasser aufgelöst

Die Kräuterseife wird fest mit der Filzwolle umwickelt, abwechselnd in Längs- und Querrichtung. An dieser Stelle hilft man den Kindern vielleicht noch ein wenig; man muss die umfilzte Seife gut festhalten, in die Seifenlauge eintauchen und vorsichtig wieder ausdrücken. Zunächst wird das Seifenstück behutsam zwischen den Handflächen gedreht. Wenn es halbwegs stabil ist, kann man nach Herzenslust drehen, bis es nicht mehr schäumt. Eventuell die Seife noch ein- bis zweimal in die Lauge tauchen und wieder drehen, bis sich die Wolle ganz fest um die Seife gefilzt hat.

Das Seifenfilzen ist eine fantastische Beschäftigung für einen Sommertag, an dem man im Freien arbeiten kann. Aber auch im Winter spricht nichts dagegen; der Arbeitsplatz wird einfach gut mit Handtüchern ausgestattet. Für alle, die das Nassfilzen noch nie ausprobiert haben, ist das ein ideales Projekt, um das Handwerk und das Material kennenzulernen und die Scheu davor zu verlieren.

SCHATZTÜTEN

Um all die tollen Schätze heimzubringen, die einem auf dem Spaziergang über den Weg laufen, sind Jacken- und Hosentaschen oft nicht groß genug. Wir haben vorsichtshalber immer einen Satz Stofftüten dabei. Unter anderem ein paar selbst gestaltete.

Zum Verschönern der einfachen Stofftüten, die es in verschiedenen Größen zu kaufen gibt, kann man Textilfarben, Stifte, Pinsel und alle möglichen Stempel verwenden – diese können aus Kartoffeln, Radiergummis, Korken, Moosgummi, Linol oder vielen weiteren Alltagsgegenständen hergestellt werden.

EISBILDER

Sobald im Winter die Temperatur Tag und Nacht unter Null bleibt, können wir endlich Eisbilder machen.

In einen Blumenuntersetzer aus Plastik füllt man Wasser ein und legt allerlei Naturmaterialien hinein: kleine Äste, Zapfen, Beeren, Hagebutten, Blumenblätter, Moos, Efeu, Efeubeeren. Es ist ratsam, auch gleich eine Paketschnur zum Aufhängen mit hineinzulegen.

Für kleinere Medaillons kann man auch abgeschnittene Joghurtbecher verwenden, für größere Bilder ein Kuchenblech oder ein Plastiktablett.

Jetzt kommen die Schalen auf die Fensterbank, den Balkon oder die Terrasse, wo das Wasser, je nach Temperatur, innerhalb weniger Stunden oder über Nacht gefriert. Dann kann man die Eisbilder draußen aufhängen.

DIE NATUR MIT NACH HAUSE NEHMEN

SO MANCHEN EINZIGARTIGEN MOMENT KANN MAN NUR IM HERZEN FESTHALTEN. DA UND DORT FINDET MAN ABER AUCH EIN STÜCK NATUR, DAS MAN ALS ERINNERUNG AN EINEN SCHÖNEN TAG ODER EIN BESONDERES ERLEBNIS HEIMBRINGEN KANN.

MANCHMAL HABEN WIR SCHON EIN PROJEKT IM KOPF UND GEHEN RAUS, UM DAFÜR MATERIAL ZU SUCHEN. NICHT SELTEN IST ES ABER UMGEKEHRT: WIR FINDEN ETWAS, DAS UNS INSPIRIERT, UND NEHMEN ES MIT, UM ZU HAUSE DAMIT ZU ARBEITEN.

STEINE

Steine in allen Formen, Farben, Größen und mit verschiedenen Oberflächen bis hin zu geschliffenen Glas- und Porzellanstücken, die man an manchen Stränden findet, üben eine unerklärliche Anziehungskraft aus. Sie haben oft etwas Magisches an sich. Vielleicht liegt es daran, dass sie schon so alt sind und jeder eine lange Geschichte zu erzählen hätte: wo er herkommt, was er schon alles gesehen hat und wie groß er einmal war, bevor ihn die Naturkräfte geformt haben.

Wenn wir am Meer Urlaub machen und abends mit Taschen voller bunter Steine heimkommen, dann meine ich immer, dass wir jetzt aber wirklich genug Steine haben – und am nächsten Tag können wir wieder nicht widerstehen. „Mama, schau wie schön!", „Mama, schau, noch einer!" Und bis zum Abend haben wir wieder ein Pfund Steine gesammelt.

Steine oder Sand kann man sehr schön in Gläsern aufbewahren oder in Schachteln sammeln. Besondere Stücke stellen wir manchmal wie Skulpturen auf dem Fensterbrett oder unserem Naturtisch aus.

Manchmal wird auch nur ein kleiner Stein eingesteckt, der einen anlacht. Einige von ihnen entdecke ich Wochen später in Jacken- oder Hosentaschen, wo sie wie ein Talisman herumgetragen wurden. Zu diesem Zweck kann man sich auch ganz bewusst einen speziellen Stein aussuchen, den man immer bei sich hat und in schwierigen Situationen, zum Beispiel bei Prüfungen, fest in der Hand hält. Eine Freundin hatte vor langer Zeit für jedes ihrer Kinder einen Stein ausgesucht. Heute sind die Kinder groß, die Steine sind abgegriffen und speckig und haben, natürlich, viel Glück gebracht.

FOTOHALTER MIT STEIN

Mitgebrachte Schätze aus dem Urlaub kann man fabelhaft mit ein paar entsprechenden Erinnerungsfotos kombinieren, indem man mit den Steinen einen besonderen Bilderhalter bastelt.

Dafür wird ein mittelstarker silberner Basteldraht kreuz und quer um den Stein gewickelt und nach obenhin 20 bis 30 cm überstehen gelassen. Daraus dreht man eine Schnecke, in die das Foto gesteckt wird.

Um die Oberfläche zu schonen, auf welcher der Stein steht, kann man auf der Standfläche ein kleines Filzstück unter den Draht kleben.

SCHWEMMHOLZ

Das Holz, das wir vor allem nach Überschwemmungen an Flussufern oder Seen finden, hat beinahe genauso viel zu erzählen, wie die Steine. Oft kommt es von weit her und ist von der gewaltigen Kraft des fließenden Wassers viele Kilometer mitgerissen worden.

Mit Schwemmholz können wir alles Mögliche basteln. Wurzelholz ist ganz besonders interessant wegen seiner Krümmungen. Manchmal entdeckt man darin Figuren oder Zeichen. Oft sind die an der Sonne getrockneten Wurzeln überraschend leicht im Gegensatz zu frischen Ästen. Das hat einen ganz eigenen Reiz.

Um einen originellen Bilderrahmen zu gestalten, kann man entweder Hölzer der gleichen Art verwenden oder unterschiedliche.

Rund um einen einfachen Bilderrahmen in der Größe des Fotos ordnet man die Hölzer an und klebt sie mit Heißkleber zusammen und auf den Rahmen. Der lässt sich dann wie gehabt aufhängen. Eine Variante besteht darin, nur die Holzfundstücke zusammenzukleben, aufzuhängen und das Foto oder Bild einfach innerhalb des Rahmens an die Wand zu kleben.

BILDERHALTER AUS INTERESSANTEN HOLZSTÜCKEN

In ein ausgefallenes Holzstück, das stabil liegt, bohrt man ein dünnes Loch und steckt einen Fotoclip hinein, den man eventuell mit Heißkleber fixiert.

MOOS! MOOS! MOOS!

Eines unserer liebsten Naturmaterialien ist das Moos: es ist weich und kuschelig, vielseitig, immergrün und fast überall zu finden. Wo es wächst, lässt es sich wunderbar darauf liegen. Draußen verwenden wir es gerne für allerhand Bau- und Landart-Projekte, drinnen für Bastel- und Deko-Projekte. Das Moos ist angenehm zu verarbeiten, bleibt viele Wochen lang frisch und strahlt auch in der dunklen Jahreszeit. Deshalb ist es bei uns gerade für Advents- und Weihnachtsdekorationen so beliebt. Man kann damit die Grundlage für Advents- oder Türkränze herstellen, Kugeln formen, Töpfe auslegen und Landschaften auf dem Naturtisch bauen.

Kränze, Kugeln und Herzen aus Styropor oder Stroh lassen sich problemlos mit Moos umwickeln. Man kann es mit grünem Basteldraht oder mit Heißkleber fixieren. Das fertige „Moos-Werk" kann man hin und wieder mit Wasser aus der Sprühflasche besprühen.

Eine einfache, aber effektvolle Adventsdekoration erhält man, wenn man einen Topf oder ein Schälchen mit Steckschaum ausfüllt, mit Moos bedeckt und eine Kerze hineinsteckt. Die Oberfläche wird mit Naturmaterialien wie Zapfen, Hagebutten, Lärchen- oder Mistelzweigen verziert.

Im Frühling wiederum lassen sich Blumenzwiebeln von Narzissen, Hyazinthen, Muscari und ähnlichen Pflanzen mit Moos kaschieren.

Wenn wir mit dem Moos heimkommen, schütteln wir es aus und hängen es, wenn möglich, noch ein paar Tage in einer Stofftüte draußen auf. So wird verhindert, dass mit dem Moos noch viele kleine Tiere mit ins Haus kommen.

MOBILES

Aus Naturmaterialien lassen sich organische Mobiles machen, jedes ist ein Unikat. Wir verwenden gerne Zapfen, Schwemmholz, Äste, Steine, Federn, Rinde, Kastanien und Muscheln. Alle diese Werkstoffe sind beständig. Für saisonale Objekte kann man aber auch Trockenblumen, Hagebutten oder Blätter verwenden.

Man kombiniert für ein Mobile entweder Fundstücke einer Materialart oder man mischt ungleiche Materialien. Die einzelnen Teile kann man umwickeln oder mit einem entsprechenden Bohrer ein Loch anbringen. Selbst Steine kann man mit viel Vorsicht, Geduld und einem kleinen Steinbohrer durchbohren.

Ein Mobile kann aus nur einem Strang bestehen oder aus mehreren Teilen, die ausbalanciert werden. Eine weitere Form entsteht aus einem Zweigenkranz, an dem reihum kleine Anhänger befestigt werden.

Am oberen Ende knotet man in jedem Fall eine Schlaufe zum Aufhängen. Die Natürlichkeit der Bastelei wird durch die Verwendung von unbehandelter Paket- oder Gartenschnur unterstrichen. Wer es ein bisschen edler mag, kann auch farbige Schnüre oder ein schönes Geschenkband verwenden.

Wenn man mit mehreren Kindern werkelt, kann man entweder individuelle Objekte kreieren oder ein gemeinsames Mobile erschaffen. Dafür nimmt man einen größeren Ast als Träger und bindet einzeln gestaltete, kleinere Mobiles der Reihe nach nebeneinander daran.

Die kostbaren Stücke kann man nicht nur an der Wand aufhängen. Eine ganz eigene Attraktivität haben sie über einer Wiege, am Fenster, als Willkommensgruß an der Türe oder im Garten verteilt.

NATURTISCH

Nicht alles, was wir an Naturmaterialien nach Hause bringen, muss verarbeitet werden. Die Natur bietet so viele Schätze, die ohne weiteres Zutun betrachtet und bestaunt werden können.

Diese Naturfundstücke finden ihren Weg oftmals auf unseren „Naturtisch“, auch „Jahreszeitentisch“ genannt. Er ist eine Art Miniaturlandschaft, die bei uns auf einem Fensterbrett aufgebaut ist, aber auch auf einem Kästchen oder kleinen Tisch Platz finden kann. Die kleine Fläche widerspiegelt die Natur, ihre Veränderungen während der Jahreszeiten, die wir auch draußen beobachten; manchmal mit Ausstellungscharakter, ein anderes Mal als Bühne zum Spielen, wo allerlei bewegt wird.

Als Untergrund verwenden wir Baumwoll- oder Seidentücher, die farblich zur Saison passen. Ob auf dem Jahreszeitentisch ausschließlich Naturgegenstände sein sollen, oder auch Filzpüppchen, Karten, Fotos oder Gebasteltes Platz haben, bleibt jedem selbst überlassen. Ebenso die Frage, ob sich der Naturtisch viermal im Jahr mit dem Wechsel der Jahreszeiten ändert oder – wie die Natur – stetig wandelt.

Ebenso kann man sich auch auf ein bestimmtes Thema für den Tisch einigen, zum Beispiel Wasser, wenn man gerade am Meer Urlaub gemacht hat und allerhand Kostbarkeiten mitgebracht hat. Ansonsten steht auf unserem Naturtisch im Frühling und Sommer meist eine kleine Vase mit frischen Blumen, ein Topf mit Kresse oder Ostergras und kräftige Farben dominieren. Im Herbst besetzen wir rote und orange Tücher beispielsweise mit Zierkürbissen, Hagebutten und Lampionblumen. Farblich reduzierter ist der Naturtisch im Winter. Dafür stellen wir gerne ein kleines Windlicht mit einer Kerze in die Landschaft.

DRAUSSEN UNTERWEGS

WANDERN AN DER FRISCHEN LUFT, DIE NATUR ENTDECKEN, TIERE BEOBACHTEN, SPIELEN, TOBEN, SAMMELN UND GESTALTEN – ES GIBT SO VIEL ZU UNTERNEHMEN, DASS 365 TAGE IM JAHR KAUM DAFÜR AUSREICHEN.

UND DABEI SOLLTEN WIR NICHT VERGESSEN, MAL „NICHTS“ ZU TUN: OHNE GROSSES PROGRAMM ODER ZIEL EINFACH EINMAL EINE RUNDE RAUSGEHEN UNTER DER DEVISE „DER WEG IST DAS ZIEL“.

VOM UMGANG MIT DER NATUR

Um die Kinder in ihrem Eifer, ihrer Kreativität und mit ihrer oft überschäumenden Energie nicht zu bremsen, wollen wir ihnen eigentlich nicht allzu viele Regeln auferlegen. Es gibt allerdings ein paar Hinweise, die wir ihnen auf den (Lebens-)Weg mitgeben können, um sie auf einen respektvollen Umgang mit der Umwelt aufmerksam zu machen.

Diese Regeln müssen wir den Kindern weder aufschreiben noch vor jedem Ausflug gebetsmühlenhaft wiederholen. Bei passender Gelegenheit können wir sanft darauf aufmerksam machen, am besten jedoch vermitteln wir sie durch unser Vorbild.

- Wir lassen keinen Müll in der Natur liegen, sondern nehmen ihn wieder mit nach Hause.
- Wir gehen behutsam mit Tieren und ihren Wohnungen um.
- Wir essen keine Pflanzen, die wir nicht kennen.
- Wir machen kein Feuer im Wald.
- Wir reißen nicht mutwillig Äste von Bäumen ab oder Pflanzen aus.

Das bedeutet auch, dass wir für unsere (Bastel-) oder Landart-Aktionen in erster Linie Material verwenden, das uns die Natur „schenkt". Das heißt, wir nehmen hauptsächlich Sachen, die am Boden liegen. Bei Bedarf bedienen wir uns vorsichtig der Natur, nehmen aber immer nur so viel, wie wir zum Arbeiten brauchen. Wenn wir etwas pflücken, zum Beispiel Beeren oder Holunder, dann achten wir darauf, etwas für die Tiere des Waldes übrig zu lassen.

Rinde sollte man nicht von lebenden Bäumen abschälen. Im Forst gibt es meist genug Baumschlag, bei dem Rinde, zum Beispiel für unsere Rindenschiffe, abfällt.

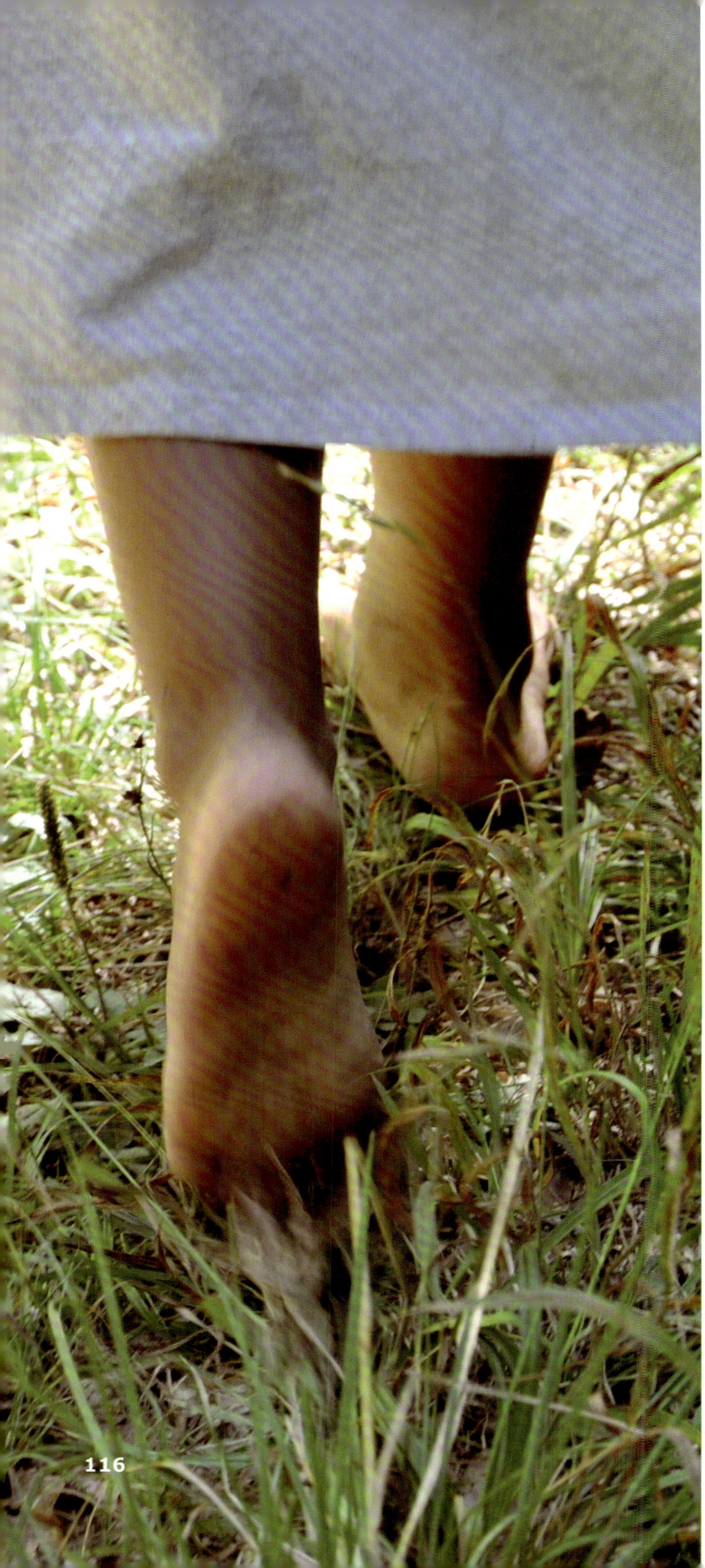

DIE NATUR
MIT ALLEN SINNEN ERLEBEN

Viel mehr als die Erwachsenen haben Kinder noch das Bedürfnis und die Fähigkeit, ihre Umwelt mit sämtlichen Sinnen zu entdecken. Vor allem die ganz Kleinen beobachtet man oft dabei, wie sie alles in den Mund stecken, was ihnen über den Weg läuft. Alle unsere Kinder liebten und lieben es, in der Erde und im Sand zu wühlen, mit Matsch zu spielen und mit Wasser zu planschen. Bis heute ist keine Pfütze vor ihnen sicher.

Es gibt abwechslungsreiche Aktivitäten, die den Kindern, aber auch den Erwachsenen die Möglichkeit bieten, ihre Umgebung intensiver zu sehen, zu hören, zu riechen, zu schmecken und zu fühlen.

BARFUSS UNTERWEGS

Wenn ich an meine eigene Kindheit zurückdenke, erliege ich der Illusion, dass wir von April bis September ausschließlich barfuß auf Tour waren. Umso mehr erfüllt es mich mit Freude, wenn ich sehe, wie sich unsere Kinder bei den ersten Sonnenstrahlen die Schuhe und Socken von den Füßen reißen und sie in den Sand oder den Bach stecken oder über die Wiese laufen. Noch mehr beeindruckt mich, wie schmerzfrei sie mit ihren zarten Sohlen über Wald- und Schotterwege gehen.

Die Schuhe ausziehen – das können wir überall, wenn es die Temperatur zulässt –, die Struktur des Bodens spüren, hart oder weich, warm oder kalt. In den letzten Jahren wurden vielerorts sogar eigene Barfuß-Pfade angelegt, wo auf strukturierten Wegen verschiedene Untergründe verteilt wurden, über die man der Reihe nach gehen kann.

So einen Parcours kann man sich aber auch ganz leicht selbst einrichten, indem man Kübel, Waschbecken oder sonstige Behältnisse mit Sand, Wasser, Matsch, Stroh,

Kastanien oder Ähnlichem füllt, in die die Kinder dann hineinsteigen. Als Spiel für eine Gruppe von Kindern kann man die Gefäße verdecken und die Kinder dann mit verbundenen Augen raten lassen, worin sie stehen.

PERSPEKTIVENWECHSEL

Die meiste Zeit gehen wir mit dem Blick auf den Boden gerichtet oder in Augenhöhe durch die Welt, schließlich bewahrt es uns davor, ständig über irgendwelche Hindernisse zu stolpern. Wenn wir aber einmal stehen bleiben oder uns auf den Boden legen, können wir nach oben schauen und den Himmel, die Wolken, die Baumkronen und die Vögel beobachten.

Am Boden liegend, können wir uns vorstellen, wie eine Ameise oder sonst ein kleines Tier die Welt sieht. Vielleicht entdecken wir aus dieser Position, dass manche Blätter auf der Unterseite eine andere Farbe haben oder es wird uns bewusst, wie der Waldboden riecht. Vielleicht hören wir sogar das Gras wachsen.

Oder andersrum: Kinder müssen wir sicherlich nicht zweimal bitten, auf einen Baum zu klettern und die Welt von oben zu betrachten wie ein Vogel.

MIT GESCHLOSSENEN AUGEN „SEHEN"

In dem Moment, da die Augen geschlossen oder mit einem Tuch verbunden sind, müssen wir uns auf unsere anderen Sinne und vielleicht auf jemanden anderen verlassen.

Derjenige, der sich traut, kann sich von einem Partner durch den Wald führen lassen oder seine unmittelbare Umgebung ertasten, riechen, hören und vielleicht sogar schmecken. Oft werden einem dabei ganz andere Dinge bewusst als mit geöffneten Augen: Wir spüren den Wind, hören Vögel singen, fühlen den Boden unter unseren Füßen oder die Rinde eines Baumes.

EINEN BAUM KENNENLERNEN

Auch Bäume kann man nicht nur mit den Augen sehen, man kann sie mit allen Sinnen kennenlernen. Dabei ist es gar nicht so wichtig, etwas über den Baum zu lernen oder zu wissen.

Wie fühlt sich die Struktur seiner Rinde an? Wie riecht der Baum? Im Frühling kann man bisweilen die Säfte hören, die in die Baumspitzen fließen, wenn man das Ohr an den Baumstamm hält.

UNTERSCHIEDE ZWISCHEN DEN TAGES- UND JAHRESZEITEN ERLEBEN

Immer wieder kehren wir gerne an Lieblingsorte zurück. Viele unserer Ausflugsziele sind um die Ecke und so ist es auch schon vorgekommen, dass wir uns zweimal am Tag an einem Platz eingefunden haben. Auf diese Weise nehmen wir die Veränderungen wahr, die sich im Laufe eines Tages oder eines Jahres einstellen.

So gibt es zum Beispiel einen See in der Nähe unseres Wohnortes, den wir schon unzählige Male umrundet haben. Und immer wieder entdecken wir Neues und sind überwältigt von noch nie gesehenen Impressionen; den Farben der Bäume an einem sonnigen Herbstabend oder dem aufsteigenden Nebel an einem frostigen Wintermorgen.

EIN TIPI BAUEN

Ein Bauprojekt im Wald ist nicht unbedingt eine Aktion, die wir uns an einem bestimmten Tag vornehmen und durchziehen. Vielmehr ergibt es sich, wenn wir einen tollen Platz finden oder einen Stapel Äste, der sich als Baumaterial förmlich anbietet.

Eine ideale Voraussetzung für den Bau eines Tipis ist ein stabiler Baum mit einer Astgabel in Kopfhöhe eines Erwachsenen. Dorthinein legt man mehrere dicke Äste, die das Grundgerüst bilden. Dazwischen werden dünnere Zweige arrangiert, eventuell gefolgt von Reisig oder Moos, um die „Wände" dichter zu machen.

Wenn das Tipi fertig gebaut ist, legen die Kinder besonderes Augenmerk auf die Einrichtung. Es werden Tische, Stühle und Bänke in Form von Baumstämmen herangeschleppt, „Koch- und Schlafstellen" erdacht, der Boden wird mit Moos, Rinde oder feinen Nadeln ausgelegt. Und hier ist die Fantasie der Kinder noch nicht zu Ende. Die Dekoration ist das Tüpfelchen auf dem i. Ich habe schon Willkommens-Blumensträuße gesehen, Fußabstreifer und sogar „Bilder" an den Wänden.

Auch Rom wurde nicht an einem Tag erbaut. Wenn wir die Gelegenheit haben, häufiger an einen Ort zurückzukehren, tüfteln wir laufend weiter an unserem Tipi. Wir schauen immer wieder nach dem Rechten. Ist das Tipi noch da? Hat es Sturm und Regen getrotzt? Wie verändert es sich mit der Witterung? Hat es jemand entdeckt und daran weitergebaut? Gibt es etwas zu reparieren?

Wir nutzen das Tipi als Picknickplatz, um Pause zu machen, Pläne zu schmieden und zum Feiern. Vielleicht übernachten wir sogar einmal darin?

FÄHRTEN

Einer geheimnisvollen Spur zu folgen, macht einen Weg viel interessanter. Womöglich ist an dessen Ende ein Schatz versteckt? Eine Fährte macht so manche Strecke kurzweiliger und kann auch eine Geburtstagsfeier auflockern. Sie kann zu einem Geheimplatz führen, einem Tipi oder einem Brotzeitplatz, den nur wir kennen.

Will man eine Fährte legen, ist das eine gute Gelegenheit, den Weg auszukundschaften. Man kann aber auch gemeinsam mit den Kindern eine Spur markieren und anschließend versuchen, den Weg wieder zurückzufinden.

Beim Legen der Spur kann man sich allerhand einfallen lassen. Am besten arbeitet man mit Naturmaterialen, sodass man sich hinterher keine Gedanken um die Entsorgung machen muss. Man kann Blütenblätter oder Blumen streuen, knallrote Mohnblätter an Ästen aufspießen, Bäume mit Pflanzenfarben oder Beerensaft markieren, Pfeile aus Zweigen oder Steinen legen, Steintürme entlang des Weges bauen oder Steine mit roten Mohnblättern umwickeln.

RIECHFÄHRTE

Einer Riechfährte muss man mit der Nase folgen, und zwar von Baum zu Baum. Dafür sprüht man mit einer Zerstäuberflasche eine Mischung aus Wasser und ätherischem Öl auf Kopfhöhe an eine Reihe von Bäumen. Das ist schon etwas schwieriger, aber einer Fährte aus Pfefferminz- oder Lavendelöl führt einen ziemlich sicher zum Ziel.

AM WASSER

Quelle, Bach, Fluss, Teich, See oder Meer – Wasser in allen seinen Formen übt eine ungeheure Faszination auf die meisten kleinen und großen Menschen aus.

Viele Märchen und Sagen drehen sich um das Wasser. Am Ufer sitzend, erzählen wir Geschichten von Wassermännern und Wassernixen oder erfinden selbst welche. Oder wir lassen das Wasser erzählen: Wir schließen die Augen und hören zu, wie es plätschert, gurgelt, rauscht oder tost.

Stehende und fließende Gewässer bieten zu jeder Jahreszeit unzählige Spielmöglichkeiten: Im Sommer können die Kinder nach Herzenslust planschen und matschen, wenn Sand oder Erde mit im Spiel sind. An einem Steinstrand werden Steintürme gebaut oder ein Wehr, um das Wasser zu stauen. Damit sind Kinder, allein oder in einer Gruppe, stundenlang beschäftigt. Findet man in der Nähe Löwenzahn, Holunder oder Knöterich, lässt sich mit den hohlen Stängeln und Zweigen eine Wasserleitung bauen. Flache Steine über die Wasseroberfläche flitzen zu lassen, gehört natürlich auch dazu.

Mit einem Fangnetz und einer Becherlupe ausgerüstet, entdecken wir das Leben in und rund um einen kleinen Bach oder Teich: Fische, Frösche, Kaulquappen, Larven.

Wir können Blüten oder unsere gebastelten Walnussschwimmkerzen auf dem Wasser treiben lassen. Auch kleine Schiffchen sind schnell gebaut: aus Ästen, Korken oder Rinde.

RINDENSCHIFFCHEN

Für die einfachste und spontanste Variante bohrt man mit dem Taschenmesser ein Loch in ein Stück Rinde und steckt einen Zweig hinein. Als Segel kann man ein großes Blatt auf den Zweig spießen.

Es hat seinen Reiz, ein Schiffchen mit dem Wasser ziehen zu lassen, zu beobachten, wie es an der nächsten Flussbiegung verschwindet, und sich auszumalen, wo es landet. Von aufwändigeren Modellen, zum Beispiel einem kleinen Floß aus zusammengebundenen Ästen, bei denen sich die Kinder viel Mühe gegeben haben, möchten sie verständlicherweise ein bisschen mehr haben. Man kann sie daher an einer Schnur festbinden, mit der man dann am Ufer entlangläuft, sodass das schöne Stück nicht gleich auf der Jungfernfahrt verschwindet.

LANDART MIT KINDERN

Die Kunst ist die Schwester der Natur, heißt es. In ihrer Verbindung, der Landschaftskunst (Landart), sind die Kinder wahrscheinlich die begabtesten Künstler/-innen, und unter ihren Händen entstehen aus den Materialien der Natur die tollsten Kunstwerke.

Aber auch hier soll nicht das Ergebnis, sondern die Arbeit selbst im Vordergrund stehen. Es ist spannend, die Kinder dabei zu beobachten, mit welcher Leidenschaft sie gestalten, wie sie in ihrer Arbeit versinken. Wenn sie so ganz konzentriert bei der Sache sind, entfalten sie ihre unglaubliche Fantasie. Manchmal hört man sie sogar laut denken, während sie immer neue Dinge erfinden und bauen – sei es alleine oder in einer Gruppe.

Landart besteht zu einem großen Teil aus Sammeln und Sortieren, zwei Aufgaben, die Kinder mit Freude machen. Man kann sie schon auf dem Weg zu einem Zielort anregen, Material zu sammeln, und damit einen längeren Fußmarsch überbrücken. Anschließend können die Funde nach Farben, Größen, Formen oder Arten sortiert werden.

Wenn dabei nicht schon von alleine die ersten Ideen entstehen, kann man den Kindern eine kleine Starthilfe in Form einer Geschichte geben und zum Beispiel von den Waldzwergen erzählen, die ein Haus brauchen, oder von der Regenbogenfee, die ihre Farben im Wald verloren hat und der wir helfen müssen, sie wiederzufinden.

Es müssen aber nicht immer gleich komplexe Werke sein. Einfache geometrische Formen wie einen Kreis, Rechtecke, Spiralen oder Linien zu legen oder zu füllen, erfordern oft viel Fingerspitzengefühl und Geduld. Auch Mandalas, bei denen man einen Kreis legt und diesen mit Ästen oder Steinen in beliebig viele Kuchenteile aufteilt, kann man mit den unterschiedlichsten Naturmaterialien füllen.

Viele Naturmaterialien wie Steine, Äste und Moos stehen uns das ganze Jahr über zur Verfügung. Andere sind saisonal begrenzt vorhanden, und so bleibt es spannend zu sehen, was man jeweils findet und was daraus entsteht.

Zum Thema Landart findet man mittlerweile unzählige Literatur- und Fortbildungsangebote. Ein Workshop, mit oder ohne Kinder, ist eine wunderbare Gelegenheit, sich auszutauschen und neue Ideen und Inspirationen zu erhalten.

LANDART IM FRÜHLING UND SOMMER

Zu jeder Jahreszeit, 365 Tage im Jahr, gibt es unendlich viele Möglichkeiten, sich mit den Kindern auf dem Gebiet Landart zu betätigen. Jede Saison hat ihren Reiz und hält ihre eigenen Schätze für uns bereit. Im Frühling und Sommer aber, wenn die Tage länger sind und die Temperaturen höher, kommt die Annehmlichkeit hinzu, dass man viele Stunden im Freien unterwegs sein und werkeln kann.

Vor allem für das Arbeiten am und mit dem Wasser, mit Matsch, Sand und Erde, ist nun der ideale Zeitpunkt. Vielleicht kann man sogar etwas auf dem Wasser bauen, ein schwimmendes Kunstwerk sozusagen?

Der Sommer bringt uns eine Fülle an Blumen und Früchte, die wir nicht nur als bunte Elemente in unseren Werken verwenden, sondern aus denen man auch Pflanzenfarben herstellen kann, um beispielsweise Holz oder Steine einzufärben (siehe Seite 20).

LANDART IM HERBST

Ein ganz anderes, aber ebenso eindrucksvolles Farbspektrum bringt uns der Herbst. Jetzt nutzen wir noch die letzten Sonnenstrahlen, machen aber vielleicht nicht mehr so filigrane und langwierige Kleinarbeiten.

Unser liebstes Material im Herbst sind Beeren und Blätter in allen Farben. Sehr schnell stellen die Kinder fest, dass die Blätter nicht einfach nur gelb oder rot oder braun sind. Wenn man anfängt, sie nach Farben zu sortieren, findet man ganz viele feine Farbnuancen und kann aus deren Abstufungen eindrucksvolle Muster oder Mandalas legen.

Aus Blättern kann man auch einen Kopfschmuck basteln, indem man sie zu einem Kranz zusammensteckt. Die Ahornkrone ist im Herbst ein Muss bei uns.

Die Natur schenkt uns jetzt außerdem Früchte, Hagebutten, Nussschalen, Kastanien, Zapfen, Eicheln und diverse Samenstände. Hat man eine ganze Menge davon gesammelt, kann man die Funde um ein am Boden liegendes Kind legen. Sobald das Kind aufsteht, kann man seine Kontur aus Naturgegenständen betrachten.

Kinder, die schon schreiben können, legen auch gerne Buchstaben und Wörter aus unterschiedlichen Materialien.

DEN BÄUMEN GESICHTER GEBEN

Wenn man unterwegs Lehm findet, was in der Nähe von Bächen und Flüssen möglich ist, kann man damit fantastische Baumgesichter oder Waldgeister gestalten. Dafür klebt man einfach eine Hand voll Lehm an einen Baum und steckt darauf aus Naturmaterialien ein Gesicht. So kann man einen Zapfen als Nase verwenden, Eicheln als Augen und Gras oder Blumen für die Haare.

Wir haben uns für eine solche Aktion auch schon Lehmziegel aus einer Ziegelei besorgt und diese mit Wasser zu einem dicken Lehmbrei angerührt. Mit Ton oder tonhaltiger, matschiger Erde funktioniert es ebenso, sie bleibt aber nicht so lange fest.

LANDART IM WINTER

Eis und Schnee sind die gleichermaßen vielseitigen wie faszinierenden Baustoffe, derer wir uns im Winter bedienen können. Eis glitzert wunderbar, ist durchsichtig, und bei niedrigen Temperaturen kann man einzelne Stücke mit Spucke zusammenkleben. Schnee ist zum einen ein idealer, weil kontrastierender Untergrund zum Legen von Formen, Mustern oder Buchstaben aus Samenständen, Hagebutten, übrig gebliebenen Herbstblättern und allen Materialien, die man sonst noch im Winter findet. Zum anderen ist der Schnee selbst ein ausgezeichnetes Baumaterial, das bisweilen in Hülle und Fülle verfügbar ist.

Beim Schnee kommt es aber auf die Konsistenz an, denn Schnee ist nicht gleich Schnee. Wenn er richtig schön pappt, ist er ideal zum Bauern, wenn er rieselt, bringt man aus dem pulvrigen Material weder Schneeball noch Schneemann zustande. Der ist übrigens nicht das einzige Wesen, das Gestalt annimmt, wenn die Bedingungen passend sind. Zum Schneemann gesellen sich über kurz oder lang eine Schneefrau, ein paar Schneekinder und alle erdenklichen Schneetiere; Schneeigel und Schneespinne sind die einfachsten Beispiele.

Damit uns nicht zu kalt wird bei Landart-Aktionen, bewegen wir uns, spielen eine Runde Fangen, machen eine Schneeballschlacht oder einen Schneeengel. Dafür sucht man sich eine unberührte Stelle im Schnee, legt sich hinein und bewegt die Arme und Beine wie ein Hampelmann auf und ab. So entsteht im Schnee die Kontur eines Engels mit Flügeln und wallendem Kleid.

LEUCHTENDER SCHNEE

Im Winter wird es früh dunkel, und das gibt uns die Gelegenheit, Landart-Werke mit Lichtern zum Leuchten zu bringen. Um den Kindern dieses Erlebnis zu ermöglichen, gehen wir an solchen Tagen später raus, damit wir auch bestimmt durchhalten, bis es dunkel ist und wir unsere beleuchteten Werke bewundern können.

Einfache, aber schöne Effekte erzielt man mit ein paar Teelichtern im Schnee oder hinter Eisplatten, oder mit Wunderkerzen und Christbaumkerzen, die von Weihnachten übrig geblieben sind. Der anschließende Nachhauseweg wird mit Taschenlampen oder kleinen Laternen bestritten und ist noch ein zusätzliches Vergnügen.

EINE SCHNEELATERNE BAUEN

Wenn der Schnee ordentlich pappt, baut man einen großen Schneeberg, klopft ihn fest zusammen und höhlt ihn dann von der Seite aus, damit man eine Kerze oder ein Teelicht hineinstellen kann. Einmal haben die Kinder spontan mit ein paar Ästen Löcher in den Schneeberg gebohrt, durch die das Licht der Kerzen dann hinausgestrahlt hat. Im Übrigen bestehen sie bis heute darauf, dass wir Schneehäuser gebaut haben, und nicht Schneelaternen, weil man sie ja nicht wegtragen kann.

SO VIEL ZU TUN. SO WENIG ZEIT.

Selbst in Zeiten, in denen viele von uns in Großstädten leben, muss der Kontakt zur Natur nicht zu kurz kommen. Sowohl in der Stadt als auch am Stadtrand oder in der weiteren Umgebung können wir die Beziehung zur Tier- und Pflanzenwelt pflegen. Nicht zuletzt können wir unsere eigenen vier Wände „grün" gestalten.

Meist reichen ein Blick aus dem Fenster oder ein paar Schritte vor die Tür, in den nächsten Park zum Beispiel, um mit der Umwelt in Kontakt zu treten. Für andere Aktionen muss man schon ein Stück fahren, aber es lohnt sich: die Möglichkeiten, sich an der frischen Luft zu bewegen, die Natur zu entdecken und zu genießen, sind vielfältig. Für einen Tagesausflug mit der Familie und Freunden bietet sich in der Umgebung von Großstädten vielleicht ein Biotop, ein Wildpark oder ein Walderlebniszentrum an. Dort gibt es mitunter Erlebnis- oder Barfußpfade, Waldfeste oder es werden naturkundliche Führungen angeboten.

Vereine und Organisationen wie der Landesbund für Vogelschutz, Naturschutzbund, Alpenverein, WWF, Pro Natura und viele andere haben Aktionen und Fortbildungsmöglichkeiten, Kräuterwanderungen, Vogelexkursionen für Kinder und Erwachsene im Programm. Einige Organisationen gründen Naturgruppen mit regelmäßigen Treffen und verschiedenen Schwerpunkten. Warum nicht selbst eine Naturkindergruppe gründen?

Immer mehr Imker, Bäcker und Landwirte stellen ihre nachhaltige geführten Betriebe, Werkstätten und Stallungen im Rahmen von Führungen vor, veranstalten Hofmärkte und laden zum Ernten von Beeren, Nüssen oder Obst ein.

Viele dieser Ziele und Veranstaltungen sind mit dem Rad, der Bahn und dem Bus erreichbar, und die Reise selbst wird so zum Erlebnis.

ODER EINFACH MAL GAR NICHTS TUN

Raus in den nächsten Park, aus dem Fenster schauen, auf der Wiese liegen, die Wolken beobachten, in den Himmel schauen, die Augen schließen und den Wind oder das Gras wachsen hören, spazieren gehen ohne ein bestimmtes Ziel, ohne Stress; man muss nicht immer ein großes Programm haben, um das Leben und die Natur zu genießen.

SPIELE AM WEGESRAND

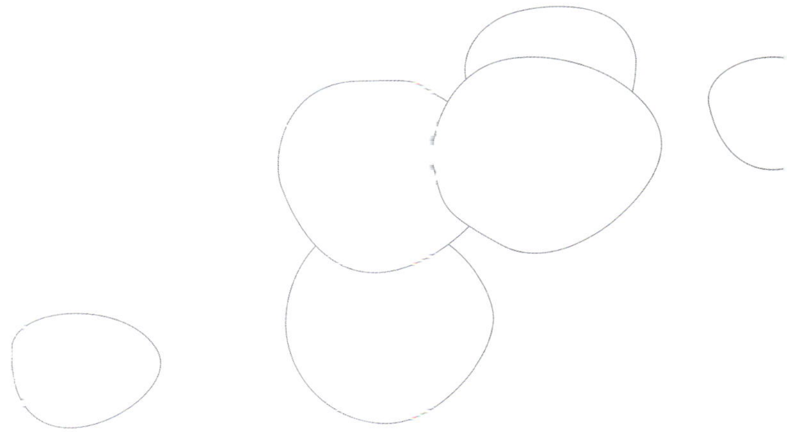

WAS MACHEN WIR, WENN DER WEG LANG IST UND IMMER LÄNGER WIRD, DIE BEINE MÜDE WERDEN UND DIE FRAGE „WANN SIND WIR ENDLICH DA?“ NICHT MEHR BEFRIEDIGEND BEANTWORTET WERDEN KANN? AM BESTEN LENKT MAN SICH SELBST UND DIE KINDER AB, INDEM MAN EINE KLEINE AKTION AUS DEM ÄRMEL SCHÜTTELT, DIE WEDER VIEL VORBEREITUNG NOCH SPEZIELLE UTENSILIEN BENÖTIGT. AUCH WARTEZEITEN KÖNNEN MIT EINER GESCHICHTE, EINER KLEINEN BASTELEI ODER EINEM KURZWEILIGEN WETTSPIEL ÜBERBRÜCKT WERDEN.

MIT WORTEN SPIELEN

Viele Märchen und Sagen, die im Wald spielen, von Tieren oder vom Wasser handeln, sind ideale Wegbegleiter auf einer langen Wanderung. Neben „Rotkäppchen" , „Hänsel und Gretel" oder „Schneewittchen" kann man sich aber auch eigene Figuren und Handlungen ausdenken. Kleine Höhlen zwischen Wurzeln oder ein ungewöhnlich aussehender Stein oder Baum bieten sich oft als Einstieg in eine fantasiereiche Erzählung an. Noch interessanter sind Geschichten, die gemeinsam erfunden werden. Jeder erzählt ein paar Minuten und dann kommt der Nächste an die Reihe.

Auch Lieder bringen Schwung in den Spaziergang und können neu erfunden werden. Oft höre ich, wie sich die Kinder eigene Texte zu einer altbekannten Melodie ausdenken.

Mit Rätselspielen kann man sich die Zeit ebenso vertreiben. Eine Person versetzt sich in eine Pflanze oder ein Tier und erzählt etwas über sich. Indem sie mehr und mehr Geheimnisse preisgibt, erraten die anderen, wer oder was dahinter steckt. So könnte man sich vorstellen, ein Frosch zu sein, und lockt die anderen mit Hinweisen wie „Ich wohne am Wasser" und „Ich bin grün" auf die richtige Fährte. Spätestens beim „Quak" kämen alle auf die richtige Lösung.

Das folgende „Wortspiel" kann nahezu endlos gespielt werden: Man nennt eine Pflanze, deren Endbuchstabe gleichzeitig der Anfangsbuchstabe der nächsten Pflanze ist und so geht das Spiel reihum.

WETTRENNEN

Kurze Wettläufe, zum Beispiel „bis zur nächsten Kurve", bringen uns wieder in die Gänge, verkürzen die letzten Meter zum Ziel und wärmen uns im Winter auf. Um das Ganze abwechslungsreicher zu gestalten, können wiruns dabei wie Tiere bewegen: wie ein Hase hüpfen, auf allen Vieren gehen wie ein Bär oder galoppieren wie ein Pferd.

KNALLERBSEN

Kaum ein Kind kann an einem Schneebeerenstrauch vorbeigehen, ohne dessen Früchte unter den Schuhsohlen knallen zu lassen. Deshalb wird die Pflanze auch „Knallerbsenstrauch" genannt; ihre weißen Früchte findet man ab Juli bis in den Winter hinein.

SCHIESSKANONE!

„Schießkanone" ist ein Spiel, das sich auf spätsommerlichen und herbstlichen Wanderungen spielen lässt. Dann findet man nämlich an Wegrändern die verblühten Samenstände, mit denen es sich so gut schießen lässt. Diese sollen noch nicht zu trocken sein, die Stängel müssen sich noch biegen lassen. Der Klassiker ist der Wegerich, der fast überall anzutreffen ist. Mit Anemonen, Acker-Witwenblumen und ähnlichen Blumen funktioniert es ebenso.

Man pflückt die Blume möglichst weit unten am Stängel ab und biegt dessen unteren Teil um die Blüte. Indem man den Stängel nun spannt, schießt man mit etwas Druck den oberen Teil der Blume weg. Auf diese Weise kann man versuchen, ein Ziel zu treffen, oder man veranstaltet mit mehreren Personen ein Weitschießen.

HAHN ODER HENNE?

Auch diesen Zeitvertreib kennen wahrscheinlich viele aus der eigenen Kindheit.

Wo man geht und steht, schnappt man sich das Ende eines langen Grashalms knapp unter der Rispe, hält ihn mit Daumen und Zeigefinger fest und fragt seinen Nachbarn: „Hahn oder Henne?“ Sobald dieser geantwortet hat, schiebt man die Finger schnell nach oben, wodurch ein Büschel entsteht, das entweder aussieht wie eine Henne – mit gleichmäßig langen Federn – oder wie ein Hahn, bei dem die eine oder andere lange „Schwanzfeder“ hervorsteht.

YALE YARD
Campus Connection
Team League

EINEN WANDERSTOCK SCHNITZEN

Stöcke aller Art üben oft eine große Anziehungskraft auf Kinder aus. Überall am Wegesrand werden sie aufgelesen und nicht selten als Wanderstock gebraucht. Hat man einen stabilen Weiden- oder Haselnussast gefunden, kann man daraus einen persönlichen Wanderstock gestalten.

Man schneidet die frische Rinde ein und schält sie an verschiedenen Stellen ab. So entstehen individuelle Verzierungen, wie Ringe, Spiralen oder Schachbrettmuster.

HOLUNDERROHR

Zahlreiche Bastelmöglichkeiten ergeben sich aus der Tatsache, dass Holunderzweige in ihrem Inneren einen weichen Kern haben, den man entfernen kann. Dazu sägt man ein Stück eines Astes ab und durchbohrt ihn mit dem Dorn eines Taschenmessers, einem anderen dünnen Ast oder einem kleinen Handbohrer. Aus längeren Stücken kann man sich einen „Strohhalm" basteln, aus kürzeren entstehen Perlen für Ketten oder für Schlüsselanhänger.

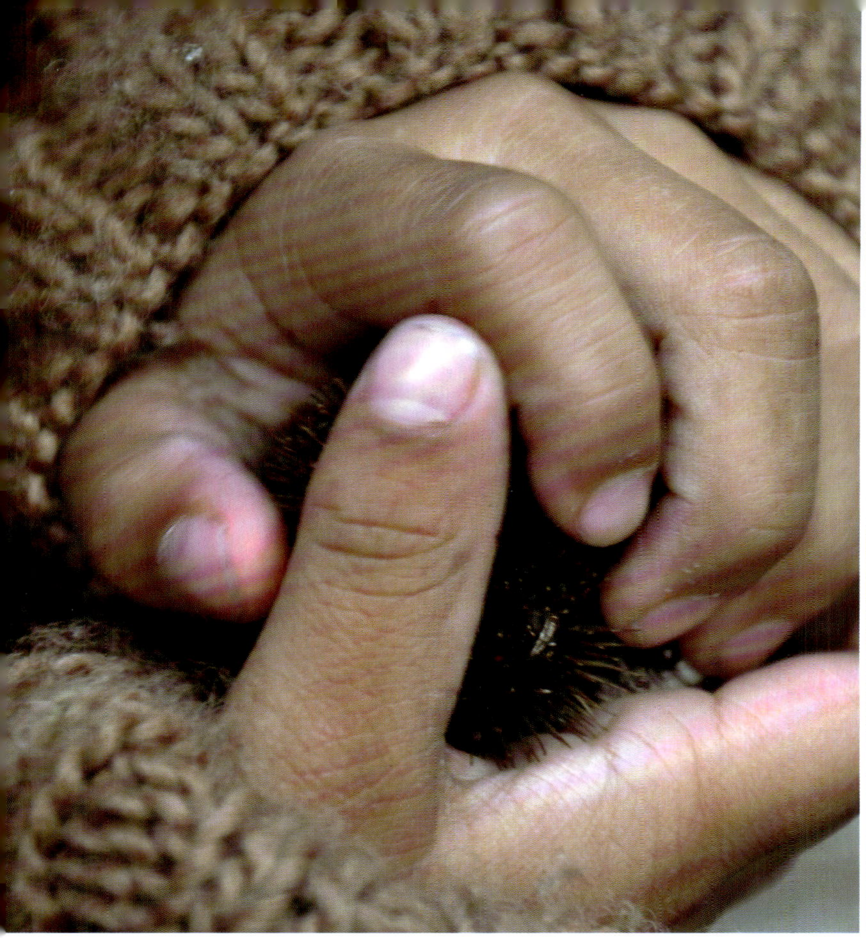

ZAPFENWEITWURF

Unterwegs sucht sich jeder eine Hand voll kleiner Zapfen zusammen. Aus einem Tuch oder Schal wird auf dem Boden ein Kreis gebildet, und nun darf jeder der Reihe nach darauf zielen.

Am Strand kann man alternativ einen Kreis in den Sand zeichnen und mit Muscheln oder kleinen Steinen werfen.

KLETTENBALL

Verblühte, trockene Kletten findet man im Herbst und Winter an vielen Wegen. Mehrere Klettenköpfchen kann man zu einem großen Ball zusammendrücken, mit dem man auf ein altes Handtuch oder Filzstück zielt, das an einem Baum befestigt ist.

Damit am Ende der Spaß und nicht der Frust überwiegt, sollte man bei diesem Spiel auf empfindliche Kleidung und Haare Rücksicht nehmen.

TIERE

KINDER SIND VON TIEREN BEGEISTERT, UND ES IST SPANNEND, SIE MIT IHNEN GEMEINSAM ZU BEOBACHTEN. AUCH WER KEINE HAUSTIERE BESITZT, HAT VIELE GELEGENHEITEN, TIERE KENNENZULERNEN UND ZU BEOBACHTEN.

WIR HABEN ZUM BEISPIEL EINE FAMILIEN-JAHRESKARTE FÜR DEN WILDPARK. SO MUSS MAN NICHT AN EINEM TAG DURCH DAS GANZE GELÄNDE HETZEN UND KANN DIE TIERE ZU JEDER JAHRESZEIT BEOBACHTEN.

ABER AUCH DIE KLEINSTEN LEBEWESEN HALTEN IHRE ÜBERRASCHUNGEN FÜR UNS BEREIT. SOGAR MITTEN IN DER STADT WIMMELT ES VON TIEREN. MAN MUSS NUR GENAU HINSEHEN.

WAS KREUCHT UND FLEUCHT DENN DA?

Zugang zur Tierwelt können uns nicht nur große Tiere verschaffen, auch die ganz kleinen Exemplare eröffnen uns, oft im wahrsten Sinne des Wortes, einen Mikrokosmos für sich. Käfer, Raupen, Heuschrecken, Spinnen, Schnecken sind nicht jedermanns Sache. Und selbst wenn man wenig zimperlich mit Kleintieren ist, gibt es immer irgendeine Spezies, die man weniger mag. Trotzdem versuche ich, die Tiere nicht als „süße Tierchen" oder „Mistviecher" zu kategorisieren. So haben die Kinder die Chance, alle Tiere wertfrei kennenzulernen.

Unter der Becherlupe betrachtet, finden die Kinder oft Interesse an Spinnen und Co. Auf unseren Ausflügen ist die Lupe in der Regel dabei. Wenn wir ans Wasser gehen, kommen noch Fangnetz und Pinsel dazu. Damit können wir Kaulquappen, Flusskrebse, Köcherfliegenlarven und viele andere Wasserbewohner beobachten. Wir gehen sehr achtsam mit ihnen um. Mit dem Pinsel können wir kleine Tiere und Larven vorsichtig aus dem Netz in eine Lupe streichen, wo wir sie uns genauer ansehen können. Anschließend setzen wir sie wieder an der gleichen Stelle aus, an der wir sie gefunden haben.

Auch ein Ameisenhaufen ist, aus einiger Entfernung, spannend zu beobachten. Dabei kann man eine Menge über den beeindruckenden Aufbau dieses Gebildes, die effektive Organisation und Kommunikation und die Nützlichkeit der Ameisen für den Wald lernen. In jedem Fall bemühe ich mich, den Kindern zu vermitteln, dass jedes Tier, sei es auch noch so klein, seine Daseinsberechtigung hat. Auch das kleine Leben ist wertvoll und daher sollen wir kleine Tiere nicht mutwillig kaputtmachen oder zertrampeln. Von Spinnen wissen die Kinder, dass sie nützlich sind. Sollte der eine oder andere Kollege im Haus trotzdem mal zu groß für unseren Geschmack sein, wird er vorsichtig hinausgetragen. Insgeheim glaube ich, dass er ohnehin den Weg wieder zurückfindet.

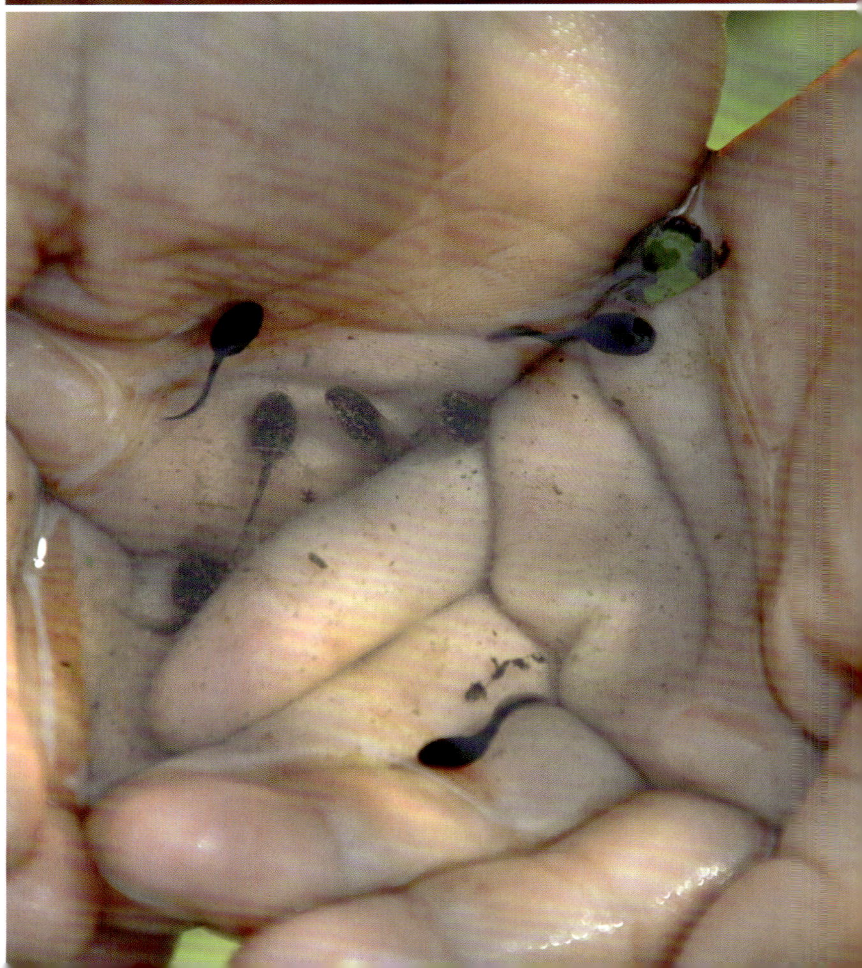

WILDBIENEN

Nach anfänglicher Skepsis und langer Recherche bin ich zum Schluss gekommen, dass heimische Wildbienen friedliche Tiere sind. Darüber, ob sie stechen oder nicht, gibt es endlose Diskussionen. Uns hat noch keine gestochen. Fachleute erklären, dass solitär lebende Wildbienen zwar einen Stachel haben, aber, im Gegensatz zu den staatenbildenden Honigbienen, nicht aggressiv sind. Sie greifen Menschen nicht von sich aus an, es sei denn, man quetscht sie oder tritt versehentlich auf sie.

Wir provozieren die Bienen nicht, sondern beobachten sie in Ruhe. Und das ist sehr spannend. Zahlreiche Arten gibt es da mit lustigen Outfits, manche sind eher unauffällig, andere sehen richtig ausgefallen aus. Nicht zuletzt haben die Bienen lustige Namen, die sich niemand merken muss, aber über die wir schon viel gelacht haben: Die Hosenbiene, die Große Wollbiene, die Maskenbiene, die Schmuckbiene, die Schwarzbürstige Blattschneiderbiene und viele andere. Es gibt auch eine Schneckenhaus-Mauerbiene, die in leeren Schneckenhäusern wohnt. Wir überlegen, ein spezielles Insektenhotel für sie zu gestalten.

Nistplätze zu erhalten und zu gestalten, ist eine Möglichkeit, Wildbienen zu schützen. Die zweite Maßnahme ist die Verbesserung ihres Nahrungsangebotes. Dies gibt uns obendrein die Chance, die Bienen gemeinsam zu beobachten. Wildbienen fliegen auf ähnliche Pflanzen wie die Schmetterlinge. Ganz oben auf der Liste steht die Blumenwiese mit Wildkräutern. Außerdem gibt es viele blühende, mehrjährige Stauden, die Bienen mögen, zum Beispiel Schmetterlingsflieder, Blutweiderich und Storchschnabel.

Wer Heil- und Gewürzkräuter mag, tut mit deren Anbau auch den Bienen einen Gefallen. Sie lieben Ringelblume, Eisenkraut, Lavendel, Ysop, Thymian, blühenden Fenchel, Kamille und so weiter. Das hört sich an, als bräuchte man dazu ein riesiges Grundstück; aber Platz dafür findet sich überall.

Eine hübsche Möglichkeit, uns selbst und den Wildbienen auf kleinstem Raum eine Freude zu machen, ist ein Topf mit Küchenkräutern, der auf jede Terrasse, jeden Balkon und jedes Fenstersims passt. Wildbienen gibt es nämlich auch in der Stadt.

SCHMETTERLINGE

Spätestens seit der Geschichte der „kleinen Raupe Nimmersatt", die sich durch Äpfel, Birnen, Pflaumen, Törtchen und Wurst frisst, und am Ende zu einem wunderschönen Schmetterling wird, ist die Verwandlung der Schmetterlinge für die Kinder ein eindrucksvolles Phänomen.

Es hat etwas Magisches, wie aus dem Ei eine Raupe schlüpft, die sich wiederum verpuppt und zum Schmetterling wird. Wenn man mit den Kindern eines oder mehrere dieser Stadien in Wirklichkeit beobachten möchte, so ist dies in der freien Wildbahn, direkt vor dem Fenster oder im Rahmen spezieller Schmetterlingsausstellungen in größeren Städten möglich.

Auf diese Weise kann man die unglaubliche Artenvielfalt der Schmetterlinge kennenlernen. Sowohl Schmetterlinge als auch Raupen gibt es in unzähligen verschiedenen Farben und Formen.

Auch ihre Tarnung ist verblüffend. Manche Raupen kann man erst bei genauem Hinsehen von dem Ast unterscheiden, auf dem sie sitzen. Es gibt auch Schmetterlinge, die zusammengefaltet aussehen wie ein vertrocknetes Blatt, erst wenn sie fortfliegen, erkennt man die kunstvollen Färbungen auf den Innenseiten der Flügel.

SCHMETTERLINGE ANLOCKEN

Durch entsprechende Bepflanzung im Garten, auf dem Balkon oder auf der Fensterbank kann man Schmetterlinge anlocken. Damit macht man ihnen eine Freude und kann sie so ganz aus der Nähe beobachten. Vielleicht findet man sogar irgendwo ein Ei, eine Raupe oder Puppe?

Schmetterlinge lieben Wildkräuter, Klatschmohn, Malve, Klee, Sonnenhut, Skabiosen und Sommerflieder, der nicht umsonst auch Schmetterlingsflieder genannt wird. Mittlerweile erhält man auch eigene Saatmischungen, die diese oder ähnliche Pflanzen beinhalten und für Schmetterlinge attraktiv sind.

Zum Thema Schmetterlinge kann man mit den Kindern auch wunderschöne, fantasievolle Bilder und Collagen machen.

VÖGEL BEOBACHTEN

Im Wald, auf Wiesen und Feldern, in der Stadt, in den Bergen oder am Meer: Nahezu überall kann man Vögel beobachten – das ganze Jahr über. Und im Grunde braucht man nicht viel dazu, ein Fernrohr und ein Bestimmungsbuch können aber nicht schaden. So erfahren wir mehr über die Vögel, über ihre Lebensräume und ihre Gewohnheiten. Welche Vögel fliegen im Winter weg? Wie nisten die Vögel? Welcher Vogel frisst was?

Es ist reizvoll, die Vögel zu jeder Zeit im eigenen Garten oder vor dem Fenster zu beobachten. Nistkästen und Futterstellen bieten dazu eine hervorragende Hilfe.

NISTKÄSTEN

Vor allem in den Städten gibt es immer weniger Nistmöglichkeiten für Vögel. Auch das ist ein guter Grund, ihnen eine Nistgelegenheit anzubieten. Im Prinzip imitiert man mit den Nistkästen natürliche Nistplätze, zum Beispiel Baumhöhlen, die es immer seltener gibt.

Um den verschiedenen Nistgewohnheiten und den unterschiedlichen Größen der Tiere Rechnung zu tragen, kann man ganz verschiedene Arten von Nistkästen anbringen. Die gängigsten sind die Meisenhöhle mit zweierlei Fluglochgrößen und der Halbhöhlenkasten, der für Bachstelze, Grauschnäpper, Rotkehlchen, Haus- und Gartenrotschwanz sowie den Zaunkönig geeignet ist. Des Weiteren gibt es den Starenkasten, den Mauerseglerkasten und viele andere mehr.

Gemeinsam mit den Kindern einen Nistkasten zu bauen, kann ein unvergessliches Erlebnis sein, das uns zudem die Gelegenheit bietet, über die verschiedenen Vogelarten und deren Gewohnheiten zu plaudern.

VÖGEL FÜTTERN

Beim Füttern können wir die Vögel ziemlich aus der Nähe und in Aktion beobachten und kennenlernen. Das weckt die Neugierde auf die Natur und macht vor allem Spaß! Unter Experten gibt es Unstimmigkeiten über das Für und Wider der Vogelfütterung. Tatsache ist jedoch, dass diese Aktionen Kinder an die Natur heranführen und somit im weiteren Sinne wiederum zum Naturschutz beitragen.

Wann dürfen Vögel gefüttert werden? Aus allen Expertenratschlägen haben wir uns folgende Regel abgeleitet: Wir füttern nur im Winter, wenn die Schneedecke geschlossen ist und/oder die Temperaturen einige Tage unter null liegen.

Wir haben entdeckt, dass je nach Futter unterschiedliche Vögel angelockt werden. Es gibt Weichfresser, die gerne Beeren und Getreideflocken mögen, und es gibt Körnerfresser. Diese ziehen Sonnenblumenkerne, Getreidekörner und gehackte Nüsse vor.

Bei der Auswahl des Vogelfutters sollte man auf gute Qualität achten. Wichtig ist auch, dass die Futterstelle immer sauber ist und das Futter möglichst täglich erneuert wird. Äpfel sollte man als Ganzes aufhängen, damit sich die Vögel nicht an kleinen, mitunter gefrorenen Stücken verschlucken. Auch eine kleine Tränke kommt den Vögeln zugute.

LECKERBISSEN FÜR VÖGEL

Natürlich kann man Meisenringe, Meisenknödel und dergleichen kaufen. Aber den Kindern macht es doppelt Spaß, diese Delikatessen für die Vögel selbst zuzubereiten und sie dann an der Futterstelle zu beobachten.

250 g Rindertalg vom Metzger
3 – 4 EL Speiseöl (damit's geschmeidig wird)
500 g Körner, Samen, Getreideflocken, Erdnussbruch, fertige Vogelmischung, Sonnenblumenkerne, Hanfsamen oder Rosinen – je nach Vogelarten

Talg und Öl werden in einem Kochtopf geschmolzen. Danach die anderen Zutaten untermengen und kalt stellen, gelegentlich umrühren und den Zeitpunkt abpassen, zu dem das Fett nicht mehr flüssig, aber auch noch nicht zu fest geworden ist. Jetzt kann man die Masse zu Meisenringen formen, Meisenknödel pressen oder in Formen füllen. Wenn wir kleine Baumanhänger machen, fädeln wir am besten gleich eine Schnur durch zum Befestigen. Später geht es nur mehr mühsam mit einer heißen Nadel. Zum Schluss kann man die Ausstechformen entfernen und die Leckerbissen aufhängen.

ANHANG

LEBENSBAUM-KALENDER

Erste Jahreshälfte	Lebensbaum	Zweite Jahreshälfte
23. Dezember – 1. Januar	Apfelbaum	25. Juni – 4. Juli
02. Januar – 11. Januar	Tanne	05. Juli – 14. Juli
12. Januar – 24. Januar	Ulme	15. Juli – 25. Juli
25. Januar – 3. Februar	Zypresse	26. Juli – 4. August
04. Februar – 08. Februar	Pappel	05. August – 13. August
09. Februar – 18. Februar	Zeder	14. August – 23. August
19. Februar – 29. Februar	Kiefer	24. August – 02. September
01. März – 10. März	Weide	03. September – 12. September
11. März – 20. März	Linde	13. September – 22. September
21. März	Eiche	
	Olivenbaum	23. September
22. März – 31. März	Haselnuss	24. September – 03. Oktober
01. April – 10. April	Eberesche	04. Oktober – 13. Oktober
11. April – 20. April	Ahorn	14. Oktober – 23. Oktober
21. April – 30. April	Nussbaum	24. Oktober – 02. November
	Eibe	03. November – 11. November
01. Mai – 14. Mai	Pappel	
15. Mai – 24. Mai	Kastanie	12. November – 21. November
25. Mai – 03. Juni	Esche	22. November – 01. Dezember
04. Juni – 13. Juni	Hainbuche	02. Dezember – 11. Dezember
14. Juni – 23. Juni	Feigenbaum	12. Dezember – 21. Dezember
24. Juni	Birke	
	Buche	22. Dezember

NATUR-GRAFIKEN UND -STEMPEL

Die Grafiken und Stempel, die wir für die Projekte und für dieses Buch gestaltet und verwendet haben, können direkt aus dem Buch abgepaust oder - noch einfacher - hier heruntergeladen und ausgedruckt werden:

www.naturkinder.com
www.haupt.ch/naturkinder

Mit den Motiven lassen sich Stoffe bedrucken und Schatztüten bemalen, sie eignen sich für Drucke und Bilder oder verschönern Karten, Briefpapier oder Naturtagebücher.

Die Stempel kann man sich aus Linol, Radiergummis, Kartoffeln oder weichem Holz schnitzen oder aus Moosgummi ausschneiden.

Es sollten nur die Kräuter verwendet werden, die in den Rezepten genannt werden und die wirklich bekannt sind. Weder die Autorin noch der Verlag können irgendwelche Haftung für etwaige Schäden übernehmen.

Ich danke meinem Mann, meiner Familie und Freunden
für ihre Ermutigung, Anni, Helena, Alex, Christina, Mona,
Beate, Romana, Patrick, Brigitte und Eva für Rat und Tat,
Heidi Müller vom Haupt Verlag
für ihr Vertrauen und ihre Unterstützung.

Ganz besonders danke ich meinen Kindern und den
Kindern unserer Naturkinder-Gruppe, ohne die dieses Buch so
nicht zustande gekommen wäre.